北國之春

民族危機與底層百姓的不
遊歷紀錄下的沉重憂國之

王統照 —

「見過不少的各樣的人物，
聽過些令人難以想像的事情。」

20 篇散文，紀念在東北度過的那一春光陰，也記錄了當地人物風

目錄

目錄

被檢察的「小學教員」

「你這幾個人在笑什麼？」說中國話很流利的這位穿西服的日本紳士，從銳利的眼光中向在草蓆上我那三位路遇的同伴頗嚴重地質問著，即時他的明亮的黑皮鞋踏上了木床。

「沒——沒有什麼！我們在這兒說笑話呢。」曾經當過省視學員的張先生立起來回覆。

「笑——話？」後音頗重，「什麼笑話？」可怕的眼光向張君臉上直射著。

「我們說一個懷胎了幾年的笑話。」這明明是勉強的話了。

「不行！這個皮匣是你的麼？幾個人一同？三個，你們幹什麼？」這日本紳士漸漸不客氣了。一個半舊的褐色四方皮匣提過來，很熟練地打開，原來並沒加鎖。

張君面色發紅，急著道：「這是，這是他的，我姓張！在洮南啟蒙小學——作教員，我們都是……沒有什麼！這皮匣子是零碎東西。……」

「啊！都是麼？你姓什麼？」他用猜疑的口氣向坐在行李包上的一位某軍中的參議問。

「我姓宋。」這位不滿三十歲的血氣方盛的少年答語是十分爽朗，不像那位視學先生的忸怩。「我也去洮南。……」但這位先生本是視學員的堂叔，我聽說他改了姓，這其中一定有了文章。

皮匣子打開，牙刷，肥皂，信紙等隨手擺出來。這時視學先生神色不安地立在一邊。那位軍人將嘴鼓起坐著不動。還有他們同來的老人，——因為他有鬍子，實在不過四十一二歲，卻正襟危坐在遠一點的席上，冷冷的不發言。同艙的中國人多在立起來向這邊看，沒有笑聲，卻也不圍攏來瞧熱鬧。

「這上面記的什麼？」薄薄的日記本在這位紳士的手中，他向軍人指著問。

「什麼都有。人名，用錢，全是零事。」

好在只有一二頁有鉛筆的畫痕，往下掀去是張張的白紙。啪的聲丟在一邊，而有力的手指卻從皮匣中檢出兩張小硬紙。隔遠了看不清楚，彷彿是護照，或是奉票似的東西。

「唉！什麼？這個？」

「是免票，我的第幾軍的免票，他們的沒有。……」

本來是沒有多少零碎東西的皮匣子已經全翻遍了。再次便將被褥卷也打開了。一個帆布衣箱略略的檢查，放在一邊。紳士很從容說句「對不起！」將皮匣放在臀下，與張君對面坐下，從袋中掏出小本子將這三位的姓名問了，記下，又將免票也記過了。向張君問得更詳細，學校，多少學生教員，也記下來。後來張君隨口露出一句日本話來，他聽著有點奇異，張君頗義憤道地：

「我在日本留學過，前年由此處經過，到衙門中去了一次。」痛快大膽的直告，旁邊人聽了都替他捏一把汗。

「留過學，什麼學校？……」日本紳士面色驟形緊張。

「廣島高師。」

「到衙門去哪一年？」

「啊我想想，十八年的冬天，十月二十八日那一天。」張君的記憶似是永久刻在心頭。

「陰曆陽曆？」

「是陰曆。」

紳士點點頭，接著用日本話同張君談起，約過了五六分鐘，他才站起來。軍人低著頭不做聲。老先生似乎鬆了一口咽重的氣。我呢，初時忐忑著；雖然我那隨手的皮包中沒有嫌疑品，卻有手寫的文藝小品，在報紙雜誌上曾登刊過的詩文；尤其是一篇五卅之後在北平發表過的那篇《血梯》也黏在小本子上。此外如近代叢書本的叔本華的哲學，法朗士的《樂園之花》，還有一本 W. Lay 作的 man's Unconscic us Spirit 以及小刀、果品、信紙、鞋提子這些東西。即時在我的記憶中先檢點過一番，終覺得那些文稿怕是要惹麻煩的。怎麼辦？只好等待著，等待著！而在我身旁卻有一位即墨商人，布面黑羊皮袍，紮了褲管，笨棉鞋，有時吸著長管的旱煙，悠然地絕不在意地看著。他隨身一件鋪蓋卷，就在蓆子上解開，平放著，這多省心。

三位應受的檢察完了，幸而沒有何等處分。這紳士轉身過去將要下床的時候，大家都覺得出氣鬆散了，忽而他向我看了一眼。

「你到哪裡去？」

「到S地方去。」

「什麼事？」

「作教員。」我早已打定腹稿說得爽當點。

可憐，只能說「上帝」叫你少麻煩些罷！他竟慢慢地走去。

那位視學與軍人紅了臉收拾起散亂的東西。白衣的茶房也過來幫著用繩子將被褥捆起；十分熟練的手法如那日本紳士的熟練的眼光一樣。

即時同屋子中的中國人都將身子轉過去，沒有一個說話的，都在等待著，等待著！

我身子沒動，然而抬頭看見張君的淡褐色呢子的皮大衣掛在壁鉤上，「當小學教員，」張君也過於疏忽了。軍人從皮匣的夾頁裡找出一封字來，扯碎。丟在水盂中燒了。而張君卻低聲道：「上一回我被他們連同行李帶到日本警察署問了幾個鐘頭！」

「不提了，下船談吧。」我替他們著急。

胖胖的老人——張君的叔父，還是一言不發。香菸尾巴嗤的聲在水盂中作出埋怨的聲響。茶房便高叫著：

「下船，下船，行李憑牌子來取錯不了。」

穿過了宏壯華麗的埠頭上的汽船待合所，在風沙漫天的馬車中這六年前曾經到過的大連街道，看來更見繁盛。馬車走到奧町的入口處，張君嘆口氣道：「運氣，運氣！不知為了什麼這些東西時時與我作對。下船時我還被他們喊問了一句。……」

「我不知道，人太多了，我們都擠到前面去。」

「剛到艙口，另一個日本人瞪了眼大聲叱問著我是幹什麼的？——又一回照例地說一遍三個人的履歷，真喪氣！」

老先生將胖的下頷點點道：「就是，真厲害！也許你的樣子有點不對，像我有鬍子的人他們便不注意了。」

「可不是。他們彷彿認得我，每次經過便受盤詰。前年引到他們的衙門中去問中國話日本話，又照我改過名的名片找查在日本的學籍。一本尺許厚的大書，按照姓的筆畫排刊下來查，細細地查，查不到更加疑心。沒有法子，我說了在廣島作學生的名字，果然找到了，這才放出來。——你瞧多厲害！凡是在日本讀書的中國青年都有名氏印在上面，那幾個鐘頭等於拘留……」他噓了口氣向四下里看了看。

「媽的，怕他什麼！你為什麼說當小學教員？像麼？幹哪個說哪個，我們是在軍隊上服務，不信，他可以打電報去問。」這位豪爽的青年軍人向他的同伴張君忿忿地說。

「真不錯，就是你那身皮大氅我真怕他看得見。」我接著道。

××旅館的三層樓映到馬車前面，進門去，這一場風波算是完了。

小賣所中的氛圍

托張君的福，他來回經過這「名所」的次數多，午後四時我們便由旅館中的趙先生導引著走入一個異樣的世界。

趙先生在這裡作事已有十年以上的資格。青布皮衣，紅胖的面孔，腮頰上的肉都似應分往下垂落，兩道粗黑的眉，說話時總有「×他媽」的口語。脫略，直爽的性格，與痛快的言詞，的確是一個登州屬的「老鄉」。一見張君便像十分相知似的，問這個那個，又要求介紹我們這兩位新熟識的客人。——老先生與我——及至張君一提倡走，我就猜到他們的目的地；好在有趙先生的「老大連」，我也覺得一定有別緻的地方，可以展露在我們的面前。

穿過幹路麻布通後，向南走進了一個小巷，右轉，中國式的三層樓入門。拾級而上，二層的門口，第一個特別現象是木櫃檯上有幾十枝各式各種料子作成的鴉片煙槍，很整齊地擺著，不同的色澤在目前閃耀。

我們驟然墮入迷香洞中了，——也可叫做迷雲洞中。

大廳中幾張煙榻一時弄不清楚，煙霧迷濛中只看見有許多穿長袍短裝的人影在煙中擠出擠進。幸而還好，我們五個人居然占了兩個小房間；這一定是雅座了。一間真小，不過縱橫五尺的屋子，門窗明明是油膩得如用過的抹布，卻偏是白色的。木炕上兩個歪枕，兩分褥子，是古式的氣派，這才相稱。於是精工雕刻的明燈與古色鮮豔的槍枝便即刻放在當中。

趙先生的手技高明，小黑條在他那粗壯的手指上捻轉的鋼簽之下，這麼一轉，一挑，向火尖一偏，一抬，那原小的發泡的煙類便已成熟。扣在紫泥的煙斗上，恰相當。於是交換著吸，聽各人的口調不同，有一氣嚥下去的，煙棗在火頭上不會偏缺；有的將竹管中的煙氣一口吞下，吃完後才從鼻孔中如哼將軍的法氣一般地呼出。軍人與我太少訓練了，勉強吸過兩口，總是早早吐了好些，本這用不到從竹管中用力吸，滿屋子中的香氣，那異樣的香，異樣的刺激的味道，一點不漏地向各個人的呼吸器管中投入。沉沉的微醉的感覺似是麻木了神經，一切全是模糊的世界，在這瀰漫的青煙氛圍中，躺在窄小的木炕上便能忘了自我。一杯清茶不過是潤潤微乾的喉嚨，並不能將疲軟的精神振起。

我躺在木炕上正在品嚐這煙之國的氣味，是微辛的甜，是含有澀味的嗆，是含有重星炭氣的醉人的低氣壓；不像雲也不像霧。多少躺在芙蓉花的幻光邊的中國人，當然聽不到門外勁吹的遼東半島的特有的風，當然更聽不到滿街上的「下馱」在拖拖地響。這裡只有來回走在人叢中喊叫賣賤價果品與瓜子的小販呼聲，只有尖淒的北方樂器——胡琴的喧音，還有更難聽的是十二三歲小女孩子的皮簧聲調。

一會，進來了一個紅短衣褲的剪髮女孩，一會又進來了一個青背心胖臉的女孩。她們在門窗前立了幾分鐘後，一個到間壁去，我們都沒的說。趙先生這時將槍枝向炕上一丟，忙忙地到外邊去。回來，拿著一個胡琴，即時他拉起西皮慢板的調子。手指的純熟如轉弄煙燈一樣。半個身子斜欹在炕邊，左手在拂弦的指頭是那樣運用自如，用力的按，往下一抹，雙指微捺弦的一根，同時他的右手中的弓弦高，低，快，慢都有自然的節奏相應。於是尖利而調諧的音便從手指送出。手法真特別，夥計，小販都時時掀開門窗的一邊來看。一段過後，連與他熟悉的張君也大拍掌，不住道地：「好，好！唉！好指音！再來，再來。」

「不容易，難得，不曾聽過這麼好的胡琴。……」老先生也嘖嘖地稱讚。

我呢，這時真覺得多才的趙先生也是個令人驚奇的人物。他是那樣的質樸，爽快，一天又忙著算帳，開條子，還得永恆的堆著笑臉向客人們說話；但在此中他卻是一位特殊的音樂家。

趙先生將厚垂的眼皮閉著，天真的微笑，若在他的十指中創造他的宇宙。忘記了客人也似忘記了這在哪裡，用勁地快樂地拉著一種一種的調子。

砰的一聲，胡琴上的粗弦斷了。他趕急又跑出去，回來將弦纏好，還沒開始拉，便道，「來哇，誰唱誰唱？」

張君向立在間壁門口的軍人說：「有趙先生拉，你來幾嗓子。」

「不行，我喉嚨痛。」

老先生還在炕上燒煙，十分高興道地：「還怕什麼，到這裡來原不是講規矩的。愛怎麼辦就怎麼辦！你還怕羞？幹嘛！」

「還是老先生，痛快，痛快！」趙還沒拉動胡琴，卻向張君問：「可是這老先生以前的貴幹還沒領教。」

「唉，這也是位老風流名士呀！兩年前他還在作科長呢。你別看他有鬍子，一點也不拘板。……」

「是，是！倒是痛快。唱呀！」他將弦調好，向軍人等待著。

軍人終是搖頭不唱。

「大榮，叫大——榮——來啊！」趙先生這時才實行他的政策。一會那方才立在門口的紅衣女孩進來，將一個綢面紙裡油垢的戲目折遞給我。我略一展視，看到許多老生小旦的舊戲名字，便遞與在我身後邊坐著的張君。

「說說，點什麼戲？」

張君看幾分鐘道：「好多，會唱這些，隨便隨便，趙先生，你熟，隨便挑一出不完了。」張君態度頗見興奮。

還是那個女孩子自己說了，「坐宮吧？」

在幾個人一同說「好」字的口音之下，慢板的胡琴與她的十字句的戲詞同時將音波顫動。

她的過度的高音使她不得不將雙肩屢屢聳動，每到一句末後的拖長而激亢的音時，我看她實在吃力。大張開嘴，從小小的喉中發出這樣要夠上弦音的調來。頭上的披髮一動一動的，她那雙美麗的大眼直向灰黑色的牆上注射出急切的光亮。聽到，「我好比淺水——龍，困臥……在沙——灘！」一句，我替她著急；同時心中也有些不自知的感動。覺得我們在這奇異的世界中是在買沙灘中的沒有一點水的小動物的把戲看！……門窗外來回瞧熱鬧的人不少，就是賣果品的小販也時而停留住聽這不甚調諧卻是引人來聽的戲詞。

一曲既終，她背了兩手立在門側休息。大家自然是喝彩了。張君問過她才十四歲，「好啊！以後一定有出息，聽聽調門真不錯！」

本來可以讓她休息了，但趙先生還在調弦，而這清瘦的孩子眼巴巴地仍然希望再唱。這是為什麼呢？我有點明白，但我的淒感卻咽在心頭，沒有話可說。接著又叫了她的妹妹來，一樣是個大眼睛面目聰明的孩子，比她還低一頭。於是汾河灣的生旦戲便由這兩個孩子當作久不會面的夫妻連唱起來。

神采十足的趙先生合了雙目在玩弄他熟練的手法，兩個粗亢與低細的口音不斷地唱，說白，時間不少，約有一刻鐘方才止住。這時我換了十個角子，便趕緊交與那大孩子。張君還爭著要給她，末後終算是我會了鈔。在聽眾的讚許聲中，可憐的女孩歡躍而去。但她一起一落的肩頭遠如影片一般在我的目前。當她用皺皮的疲手來接這十個角子時。我真覺得由我的手上將「侮辱」交給她了！

這是平常平常不過的事，在這「劫外桃源」的地方是中國人的相當娛樂場所。

香菸中的半仙態度，性的糟踐的生活，什麼都不管的心思，這是這地方暫時的主人的教條。好好的自加學習，這桃源中準可允許有你的一個位置，這是我們從一瞬間得來的反省。

有點頭暈了，這奇異的世界不能久留，便一同走出在樓門口等待著後行的趙先生，還不來，那位青年人望著門口的銅牌子道：「這樓上還有飯館哩，看這小賣所。」

張君輕藐道地：「方才吸的玩意還不是？這一市中多少掛了這樣牌子的地方，如你願意進去，保吸不錯。真是鄉下人，還有賣飯的在上面哩！」

軍人方有點恍然。

及至我們走到大街上，也沒看見趙先生的影子，都說他又不知在那雲霧中辦什麼交涉了，便決議去逛浪速町的夜市，不再等他。

當我們由日人的百貨商店走回旅館到自己的房間中時，趙先生卻跳了進來道：「好找，好找，我出來連你們的後影也沒瞧見。……」

「我們以為你與那小姑娘打交涉去了。」張君答他。

「可不是，她娘也在那邊的煙炕上吸菸。那孩子因為給了她一塊錢，歡喜的沒法子，拖住我再去吸兩口，我去說幾句話後便出來，遲了。」

原來他與她們都很熟悉。

「應分是一齣戲多少錢？」

「四角小洋。」

「誰養著她們？」我在問。

「一個女老闆弄上幾個小孩子，教得會唱了，便做這宗生意。大一點也可送到窯子中去。」趙先生上樓氣喘，只說到這裡。

一會下面有人喊他，他又笑著招呼我們幾句，匆匆地跑下樓去。

紅日旗的車中

人終歸是奇異的生物吧，相當的智慧只能產生相當的利害。不必說什麼「隔膜」，與「不相關」，——這更是輕輕的善言了。廚川白村曾有一句話：「想起來現今的日本是可怕的國度！」他是敏銳地在譏笑，但我們卻更真切的感到威脅了。

界限與疆域是人間的自造之孽，在我，根本上認為何必有此差別。我不是甚麼……ist，向來不知一定不移的要向什麼ism下俯首情願。因為這明明是人造的界限線；即就學術文藝上看去，派別與主張當然有的，然而那只是批評者的利便的構圖，研究，創作的人何嘗一定先弄起個十分清晰的圈子將自己套入。時代固然能變更了人的興感與思想，但此中究竟有個性的獨流，所謂「超時間區別的價值」，也就在此一點。譬如「有五錐必有銛者，有五錯必有靡者」（語見《墨子》），又何嘗是有一例的銛靡？佛家相宗講遍計所執性，與依他起性，也可以作我這個冥思的引證。分別須有個性，卻仍須存在這卑之無甚高論中。這是我偶然的思想，不是借此來說「形而上學」，總之，人間的界限將一切害得太苦，造孽自多。

自然不能用大力消滅這些界限，你才不容易說風涼話。

寫到這裡，記起了波蘭小說的《燕子與蝴蝶》，說飛過木柵欄便入了另一國度，「國」這個字的造成，第一我是十分佩服我們先哲，——不，我們的先民的聰明。四圍的風雨不透，這才像是一個東西；只是與「囹圄」、「固困」一個意義。他們早知道了這一層玄祕的道理了！不知怎的活潑而像是能打翻一切的現代人，高唱著「全民呀」，「世界呀」，「人類呀」，這種種鑄金的名詞，卻沒有一些兒燕子與蝴蝶的自由，只想著將好好的青年捉到「囹圄」裡，「固」與「困」成了每個講界限疆域的所有物，幾乎每個人都相同的感到這「囹圄」的苦惱。然而少有人能作破巴士的「大」獄的勇敢的行為，與高潔的精神。

作廢的過度的理想，在我胸中感到苦悶！在紅日的旗幟招展下這華美的夜行車已度過荒原，穿行在茫茫夜的大野裡。

東北的氣候雖在這初春的清宵，卻仍然奇冷襲人，「南滿洲」的朔風透過了雙重的車窗，與蒸汽管的溫度戰鬥著。據說在路旁有許多地方我們的鄰人卻高標著多少戰跡的榮耀，當初與哥薩克健兒肉搏的地帶，有木牌豎在堅硬的地土中，可以辨識。這是鄰人的誇張，但我們記起來卻想什麼呢？

至少，我是不承認人為的界限的，但恥辱的標識卻似印在我的心頭。這未免是自己的衝突吧！否，軍國主義與國家主義等等的名詞，我們的鄰人是為了生活的掠奪與占有，時刻未能忘卻，我們卻不是的，我們只是任人侮辱與宰割的羔羊！這其間不需要詳加解說，過去的各國度的劣行，而現在還是照樣的模擬著，想去重行翻印的書。在我們不看卻倒情願，不過為要求消滅了人為的界限，我們卻不能坐看與此相反的勢力的猖獗。即不說情願將恥辱洗去，不說一定要「當今爭於氣力」（見《韓非子．五蠹篇》），然而這是「人類的瑕疵吧」，我們為全人類著想，也應當將這些瑕疵洗刷，抉摘一番！

秩序，訓練，精幹，我們的鄰人真比我們這衰老頹喪的民族好得多！每個夜之驛上紅日旗在風聲與大電燈下搖擺著，黃衣的兵士劍槍著地的清響。車中呢，只是能喋喋不休的「支那旅人」，以及為了一點點生活的要求帶著粗皮帽子青布棉襖往更遠的地方去勞動的「支那勞動者」，鼻息咻咻，仍然作他們的好夢生涯。這些景像我不詛恨，不嘆息，只感到窒悶的淒涼！

從那道地中上車時，我與同行的人已被一位眼突頭扁的穿了花緞藍袍的「非鄰人」的青年在車口將我們查問一次。他是鄰人的聽差，當然到處執行主人的命令。這神氣靜穆而眼光銳利的青年，從他一手拿著香菸一手拄了司提克的悠然的態度看來，又不得不佩服我們鄰人的訓練了！他從容地由人群中走過，這一車中有的是非鄰人，卻只是向我們幾個人問問口供。

到處是鄰人的話，到處是他們的規矩，真的，如我前幾年在那日出的國中旅行一樣。不過更感到時時的不安，卻也怪，真到鄰人的範圍圈中倒也罷了。

一夜的恍惚，到天明後，我下車出了站臺，坐上馬車的時候，還疑惑是在車中。

茫茫地想到這人類的自造的界限，……又茫茫地想起燕子與蝴蝶的將來的自由。

生活的對照

看不清的垃圾在雪泥融化的街道中四處翻揚，如同是地獄的一角的陳列品。笨重的幾隻騾馬拖的大木車，皮帽子的老人待理不理地將鞭子抖幾下，於是有數不清（何至數不清呢）的蹄在泥濘中蹂踏。街的兩側到處都有鮮紅嫩白的豬肉在木板上面。有蓬髮包頭穿了不合體青衣的女人，——她們的臉上被風沙劃上了多少摺紋，被憂傷抹上了多少痕跡。她們在這樣的街市的店鋪門前，等待補破衣的朋友們的來臨。更有十歲左右的小孩守著破爛零件的小攤，他便是這小攤的主人與經理與店員；有鬍子與鼻毛凍結在一起的賣黍糕的老翁；有風塵滿槍的厚衣警士；有穿了各樣笨衣的小學生；有破馬車；有喊破喉嚨的估衣商人。……還有，還有，總之是中國民族的到處一樣的陳列品。

我同王、楊二君行於冷吹的風中，我用力地看，到處都是畫圖，到處都是小說的背景。但這困苦飢餓壓迫下的非鄉人的種種表現只有使我們俯首而已，欲加描寫先不禁提筆時的悵悵！

楊君要買鐵製的書夾，走遍了幾個小書鋪卻連名字也不知道；然而自來水筆，精巧的鉛筆，透明的墨水盒以及其他文具也大概都陳列著，何以會沒有這種物價最賤的書夾？沒有只索沒有罷了，同行的人更沒去推想這是何原因，現在我覺悟了，按照供給與需要的原理上講，這是在此地無用的貨色，它沒有瓦特曼或派克筆桿的漂亮可以掛在衣服或綢衫上放出明麗的光彩，也不同帽章，國旗，是一切學校，辦公所，甚至「姑娘」們屋子中的點綴品，商人當然明白地方上的需要。這種書夾不過在書案與架子上夾起西式裝訂的書冊而已，線裝書自然是高臥的，薄薄的幾本教科書似乎也不一定用它，於是書夾乃不能在冷靜的地方露面。一樣的道理，在上海南京路上講種地的經驗，在山村裡講柏格森與羅素的哲學，商人不能如此的不知時宜啊！這邊只能說日本話，聽金票行市，吃關東白幹，與終日的狂風戰鬥，如此而已。多賣書夾的未必是什麼好地方，但只能講日本話，聽金票行市，我在這分水嶺似的大橋上（四洮南滿鐵道中間有穹式大橋，鐵軌在下面，即以此處分中日管理界），凝望著茫茫的煙塵，黃衣紅肩章的兵士的來往，不知是怎樣聯想的，便覺得這一個小問題（書夾子買不到）像頗為重大似的。中國市街不過是買不到書夾子而已，而鄰人的炮臺卻雄立在大道的旁邊。

一輛平板的獨輪車安放在街口的一角。我看見灰色厚袱下露出蒸騰的熱氣，向前揭看，是用高粱糙米做成的窩窩頭一類的食品。它彷彿用紅暈的媚眼在引誘我，這種無邪的氣味比什麼肉魚之類的珍品還特殊吧。

「唉，多少錢一個兒？」

走來一位傴背的老人，藍棉布蓋膝袍上罩了一件長坎肩，邊緣上都露出白絮。一例是為勞苦風霜刻畫出來的面目，拖拖地穿著毛窩走來走去，步履是不想再快的了。雖然有主顧來到，但他從那面花生攤上走過來仍然是十分疲懶。

「一毛大洋十二個，……還有豆沙的餡。」

我趁他們在買別的東西的時間終於買了兩個。這疲倦的老人，他從容地為我包起。一會楊君跑來向我道：「不用，不用，我這裡有手絹。」於是老人將粗紙丟在一邊，窩窩頭卻包於白絹手帕之內。

回來時，我在路上不住地想快嘗嘗它的滋味。及至到了楊君的哥哥家中，卻開了留聲機，唱起《四郎探母》與《天女散花》的皮簧調。楊君的兩個小侄女亂披著雛發不住的說笑。及至我記起新買來的食品打開絹巾吃一口時，啊，味道原也甜美，可惜被香肥皂洗滌的絹巾包了許久，咬到口裡卻不調和了。

二簧戲片唱了半打，在黯淡的黃昏中已聽見道東鄰人的兵營喇叭吹出悲壯的聲調。

老人

幾年來沒曾有多少機會能以在曠野中觀賞雪景，這一次在「北國」的初春中將機會與地方同時找到。吹了兩天令人頭痛的風後，夜中屋外息了風聲，第二天從窗子便看見大院子變成一片晶瑩的世界。光明啊！有趣，有趣，驟然的歡喜的呼聲從蟄居的蜂房般的屋子中喊出。可憫憐的同人，在這荒涼的所在那怕一點一點兒的天氣變化都會使他們喜得流出淚來。只要是沒有吹墮屋瓦，揚起砂塊在空中亂舞的大風。

感謝「上帝！」有這一夜的大雪給大家的灰色的心跡中照耀出潔亮的微光。

他們如同十幾歲的小學生一般，光亮的皮鞋來回踏著清明的雪跡，有的不顧冷，也同小孩子們搏擊雪塊。胖子的朱先生高聲喊著京腔的二簧調，他們鄰室中擅長音樂的青年用兩隻長手替他拍板，又嘖嘖的稱讚這聲調確是譚派。胖子樂了，口角間的肥肉更添了幾絲垂紋，顯出十分欣樂的面容。

在四周垣牆上滿安設著電網的大監獄中，這是個紀念的日子！

沒有風沒有泥，一望是有明角的冰雪世界，瑩澈，清涼，新鮮，說不盡的快感燒在各個人的胸中。午飯時不知怎的湊巧卻在每張桌子上有山芋燉牛肉一碗，彷彿是快樂的享宴。談話的聲音不比尋常，不是每天強咬著有長鬚的生豆芽，與酸秀才滋味似的乾松蘑時低頭皺眉的沉鬱氣象。於是熟於外國風俗的孟先生在說了：

「你瞧！今兒個真像聖誕節吃火雞，唉，我來了兩個月壓根兒沒有這麼樂！……」

「有雪，有牛肉，可惜沒有酒啦」，是河北省宣化左右口音的一位少年略似不足地說。

「有肴無酒，『歸而謀諸婦』，這一下可著了。有太太在這兒的不替咱們打打主意麼？」不知哪位好詼諧的先生用柔細的嗓子在那邊桌子上喊。

「喲！……」只有這個字音從善說北平話的孟先生的喉中發出，卻沒下文。

幾個桌子上互相望著，只有禿了額髮的會計主任若無所見聞的用力吃米飯。

(他在這個地方同他的家人已經住過三年！)

大家更樂，一時的語鋒全向他射去，原來會計主任的太太四個孩子都在校外住著。紛擾的結果，會計主任答應多早晚他們到家中去吃一頓便飯，便添上了又一重的喜氣。及至飯後，低低的吟哦聲在那煙氣瀰漫的餐室外的空中四散飄蕩。

雪還是慢條斯理地降落著。

午後漸漸有了太陽，映在雪地上時時閃出明麗的眩目的光。我一個人到鐵柵的大門外走去。平曠的郊原，一種色彩，一例的平鋪，淡雲的空中，看得清遠處的幾個矗立的煙筒中斜吹出的黑煙。向西南方去的列車飛行過去，還聽得見鐵輪的餘音。這裡不容易遇到行路的人，雪後更無人跡。郊野中有幾行不粗的髡柳枝子上時而墜下待融的雪塊，並且狗也見不到一隻。唯有對了大門那邊有一片黃土小屋子的旁邊，高粱稭打成的風障被微風拂著作出颼颼的聲響。

寂靜，安穩，一切是平板的世界。在這裡真是「無不平！」

我大膽越過了幾道地上的土隴，踏著鬆軟的雪走到一個風障的後面。彷彿是奇蹟一般，在一堆長黑狗毛中簇動著一個頭顱，周身反披著狗裘的一個人，蹲在掃去了雪的一片潤溼的土上面，在寬邊的黑氈帽下低著頭吃旱煙。

這是一幅圖畫，我沒敢驚動他。隔開七八步遠我立住了。這一定是位老人，不知有何證明我心中這樣斷定。他一點不動，濃厚的煙從他的長皮領後面吹散，雖在這空氣清新的野中而關東黃煙葉的氣味卻能嗅得到。靜靜地幾分鐘過去了，他不回頭我也不能往前再走。為什麼呢？自己也不明白。像是一袋煙吸盡了，在寬博的裘下（這只是用黑狗皮縫在一處的披衣罷了）將彷彿長有一尺以外的黃粗竹子的煙袋向地上磕著餘灰，太從容了。他用煙袋上的銅鬥叩地的聲音似有韻律，輕輕地，急慢有序地如同吸菸一般的為了過癮。又經過了幾分鐘，我以為他應分是站起來，否則回頭了。都不是，地上叩煙的聲音完了，接著便見他又從破布袋中裝上一斗，火石與鐵鐮擦了幾下，微微見有幾個火星，似是已經燃著。接著青煙又從他的口邊圍繞於皮領子後面。冷風吹著長而蒼黑的毛領如同蜷毛狗的尾巴掀動。

青煙在冷而明的空中分外明顯。

我忍不住了，乾咳了一聲，這像是詢問。果然一個黝黑的面孔由皮領的左面轉過來。在禿了毛的大帽之下，是摺紋中嵌入黑線，癟了雙腮，蓬亂著鬍子的一張臉。這臉上看不出有什麼表情，只是一對有光的眼睛向我斜看。吃了一嚇，如同小孩子夢想著怪物似的，我不由得將身子微微移動。同時慢慢地他也直立起來，高大而稍稍傴僂的身子，斜披的青布破襖，迎著這滿地雪光是一種光明與深沉的對照。他用樹皮似的手將長煙管揣入懷中。

「好雪！——」

這是「關內」的口音，雖然還聽不出是哪一個地方。嘎長的音調頗為粗壯，這恰與他的身個兒相稱。

「啊！好雪，你倒清閒呀，在這兒晒太陽。」

「先生，——晒太陽？不，我在這裡看豬。……」

我笨極了，從他的手指的方向才看到泥塗的高粱圈後面有黑影的蠢動。

「你住的一定不遠，種菜園子，是吧？」

哈哈的笑聲發自他的口中，牙落了，這才是有趣的聲音。「種菜園子，沒有，……唉……那福氣！先生，我是『雇』給種菜園子的人看豬的——像我，不是只配看豬？」

我曉得這位老人的性格特別，說話要當心了，「看豬就好，你一個兒在這地方？」

老人屈著腰彷彿將要將胸中的噫氣吐盡似的，大聲道，「原先不是一個人的，老了！老了！在這邊四十年，現在卻只是一個老頭子了……」

「原來這樣好久啊，四十年！」

「先生，頭一次到這邊吧？以前我老沒有碰到你。我初到這裡什麼也沒有，只是替大鼻子修鐵道，學堂，買賣，什麼沒有，全是空地。我一家子有兒、有女，我在鐵道上做工，還種地，誰管呀！地多得很，你們這學堂占的地我都種過。……後來日本人同大鼻子開仗，好！……這戰完事！那一年上老婆子死的。據大夫說是產後受了冰凍，自然小孩子也去他媽的！兩個兒都被大鼻子牽去運子彈，往往，……我想想啊！往遼陽去，從此以後完了！直到現在，……」他的面容由黝黑中透出灼熱的微紅，即時他咳了一陣吐出幾口稠痰。

「再說……吧，廿多的小妮子後來跟我在菜園子的地窖裡餓了七八天，末了是教外國兵！——幾個小夥子弄死的！你看我這左手臂上一個窟窿。」他並不怕冷，很容易的從斜披的大衣中伸出他的皮鬆筋露的大臂，肩下的肌肉中一個肉穴有拇指粗細，「這是刺刀的尖傷！」

我覺打了幾個冷顫。風從身旁的枯樹枝中穿過，像鬼叫一般。

他又繼續著說了，左臂卻伸在大衣之內。

「後來的事，先生，你不必問了，我到過多少地方：三姓，延吉，黑河子，哈爾濱，與蒙古包，……」

「做什麼呢？」

「嚇嚇先生，還不懂得麼。我在那時還能幹什麼。不是鑽山跑馬，挖參打架，咳！哪裡說得完。總之，我是當過劊子手的。……老了，現在到這個地方來又幾年過去，好在新來的鄉親多知道我，給我這口飯吃，只能看豬了。因為右臂受過潮溼，不能做活了。……」

質樸的老人的話向我這麼一個生客說出，他似是一無顧忌的，也許老年的神經在這時中激燒起青年時期的火焰。命運與報復毀損了這看豬老人的體力與精神。

我說不出什麼話。

態度從容的老人向東一指道：「我現在並不恨那些穿黃衣的人了！先生，我在二十年前算將我的仇報了。看到中國的灰兔子還不是與人家的當兵小子一個胎兒？我現在只能晒太陽，吃吃旱煙，你看我眼見得這地方是一年不能比一年了！」

我有許多話要說，卻說不出。老人又重複蹲下，他並不願意問我。青煙又縷縷地從他的唇間吐出。淨明的雪，冷戰的風，一切還是在大地上映動著。路上一個人沒有，只有豬的嚕嚕的爭食聲，我可以聽得到。

地上是明亮潔白了。這一個過午，我卻載了一顆黯淡的心在胸中不住地跳動。

第二天，問問在此住久的同人，那個老人究竟住在什麼地處，卻沒人知道。

人道

閱報室中冷冰冰的地，我真怕陷了下去！本來在這兒必須時時防備猛風從窗外會伸手將你拿了去，何況這兩大間屋子中，門向來是關不住，雪花會向你身上跑。一星星爐火都沒有。所以我是輕易不願置身其中的。幸而楊君有份《大公報》還可以早晚解悶。

說來你會不信，不為看新聞與報屁股，我卻特別訂了一份瀋陽的××報。沒有辦法，絕不敢開玩笑，實話，只是借它作為如廁的利器。你們曉得北方鄉間的「坑」吧，也曉得在江南到處都看得見的朱漆描金的「桶」吧，這都好，總是南方和北方雖然是有廓落與精緻的不同，然而總還有你的「如廁」的自由。雖然灰塵與臭味差池，只有塞住鼻孔卻還沒有過不去。至於自來水的西式磁桶我們不提了。這兒卻是「透漏的坑」，也虧他們能想出這奇妙的創造品。薄薄的木板屋子下面，如鄉間社戲臺子似的高高搭起，有二尺多高，下面四周又是活板可以移動，於是這似乎高明了。但每個人當在木屋子恭敬的時候，下面的風須按照力學的原則向上面橫衝直撞，你非碰得到（自然非同凡凡）天朗氣清，力的動盪還小。自然這是有科學的妙用。明明院子中覺不到冷風拂面，而戲臺的下面卻有些颯颯颼颼了。從內蒙古吹來的風本來挾著十足的勁頭，那半指厚的薄板有什麼用。準此，風大的日子你如果做件每天你必須辦的課程，這便使你畏縮不前。長方形的大孔之下，如有地心的吸力似的，要將大腸吸斷。怪不得頭一次我嘗試的時候，S君說：先不教你方法，給你一個「下馬威」。幸得那天還好，不然，我恐怕得進醫院。但是從此後我卻討了乖來，這也是S君的傳授。每到恭敬的時候將大張報紙鋪在長方孔的上面，作戲臺上的地毯。

公共的報紙自然不可亂用，為了這個目的，我卻每月多化這五十元的奉大洋買得御風的利器。

當然，每天還要看一遍，不過只是副作用而已。

許多消息本用不著重看，我每天閱報是注意於地方新聞與那些零星的「文藝」。

一個陰沉的黃昏後，大家都在朱先生屋子中飲茶，我卻一點精神沒有，宋君幾次交涉的結果，方允許我五月中離開。這兒是這樣的沉寂，這樣的風沙，這樣的糊裡糊塗的生活，使得我一無辦法，只可每天計算著過去的日子。許多人熱心的慰安我，但除了感謝之外我什麼不能多說。所以他們聚談的時候我往往憂愁地沉坐在一邊。這次又是規矩的聚會，水由大鐵壺中倒入描金的磁壺，又傾在玻璃杯內，一人一份，「來啊，來啊，」的請著。窗外風聲照常的吱吱曳長的叫著，大家談著上星期六的電影，說著詛恨這地方的種種話。一會不見不好安靜的最年輕的明，大家都沒注意他出去，不久他卻回來了，手中拿著報紙，除卻《大公報》外還有我訂閱的那一份。

「報來了，你還沒看？」明將一大迭報紙放在桌上說。

我搖搖頭。

本沒有必須談的連貫的話，於是人們吮著澀甘的茶味而眼光卻落到報紙上面去。

「哎哎！真透著新鮮，哪來的這檔子事！」北平話十分流利的朱先生似將下頦伸長了一點，執著報紙向大家說。

「什麼？」號叫愉己的好笑的庶務先生問。

「喂喂！您聽這真氣死人，怪誕！我念：——這是標題。非人道的日本院長強姦有病華婦。下面說在吉林的大街上一位婦人由人力車上跌下來碰破頭，送到一個日本醫院中去。唉！簡捷說吧，這碰傷了頭的娘們在院中待到深夜。院長是個獨身漢子，他只穿著睡衣，褲子當然沒有。他叫這娘們到內屋裡脫了上衣，又一定得脫下衣，說是檢察治病的手續。娘們不肯，但是懷疑是為了病的關係，便全脫光了。這位院長卻復在上面，想放肆了。結果是娘們的哭喊驚動了全院的華人與看護，全跑進來，他，這東西跑了。娘們的男的，後來到公安局告狀。……」朱先生一面說，一面將臉都漲紅了。

於是「可惡」，「該死」詛罵話，人人都說上一句。

接著他們說了許多日本人在南滿的故事。

這一張報我取到屋子中卻一連三天沒肯去作如廁的利器。不知是為保存故事，還是別的原因，老是挑著別的報用。

又一天是星期日，我同三位先生到鐵道局的宿舍中去。幾位年輕的由北平畢業到此實習的學生，他們咳聲嘆氣地一致說這個地方的苦悶，但為了生活，究竟還是得上班，領薪，熬他們的日子。其中有一個說：「你們那兒好啊，多自由！至少每人一間屋子，真的是桃源了。」

我們同去的只是相視微笑。

出門的時候，我無意中看得見牆上的小木牌，大意是注意清潔，後面卻有敬惜字紙一類的話。說是：字紙不可亂拋，應該珍拾起來，我在心上動了一動！我想我未免太不珍惜了！

晚飯後，又得如廁，所有的報紙都用淨了，只有保存著關於某醫院強姦華婦的新聞的那張。為了需要與保護自己起見，究竟帶去鋪在長方孔的上面。同時我悠然地想了，「人道」只可以這樣在足下，在垃圾中踐踏與撕亂？

但一念及這日所見的局長的示諭，我覺得悚然了！不是為珍惜字紙，卻保存了三天的報紙！究竟須將「人道」兩個很好聽的名詞踏了！

但那個故事卻永久保存在我的記憶裡。

植樹

奇怪，我到這裡居然成了「書家」。

實在別人有比我用過寫字工夫的，不過他們輕易不肯動筆，又因為我以前寫過幾篇文字，以為必定寫得好。一迭迭的紙送來，說：敬求法書，在初時我想到這終天被黃風追圍的地方寫鬥方，世間有這樣無聊的事沒有！但拒絕不了，後來我索性開玩笑了。為清理案頭起見，幾乎一次寫幾張大紙，與作文一樣，偶而寫寫倒未嘗沒意思，若是非寫不能生活，實是世間的第一苦趣。我們不能拿黑鐵的錘子，不能弄力大的機器，又不會用尺，用剪子找飯吃，卻借了筆墨作工人。即不甚勞苦，實在算不得什麼神聖事業。但比起我這「木居士」來還好得多，因為這是絕無報酬而人家卻逼你獻醜的事，與其多費唇舌，還是不把潔白的玉版宣拿回，我只可用手去揮發我的抑鬱。

天是常常淡得如黃土篩成的布幔一樣。風是如魔鬼的叫喊，蒙古的驚砂從多少空間吹來此地，打在臉上如小錐子的鋒利。兩舊玻璃窗還擋不住北國的風勁，土直往口牙裡塞。你想這能寫什麼字？

於是我感到無可排除的苦悶，本想及時他去，但還找不到能脫身的機會。

「你看，又有活幹了」。畏萌用左手指按住綠絨鋪的公事桌上。

我接過來看是一件公文，下面照例的時，……分……擬稿時……分核定，時……分繕寫，校對，監印。打開裡頁，起首便是為令知事：……四月×日為植樹節，仰……照章辦理植樹事宜，並將植樹情形妥為詳報雲雲。末後卻印著篆文的××委員會的大印。

我一瞥之後便坐在大安樂椅上道：「這與我什麼相干？」

畏萌將右手向空中一揮，他健強的右腳向前踏了一步，即時牆上閃動一個魁偉的高大身影。

「嗯！明天我們植樹，今晚上就寫標語，寫大字，白布買來了，要寫比鬥大的字，寫十五六個，是標明植樹、要照相片用的。……這事要勞動你。……」

這時我吸了半枝香菸，心里納悶得很！

「朱先生大字寫得不壞，請他吧！」

「不，還有標語，已經去裁去了，自然不是你自己寫。」

我也不再問了，世間還是玩笑的態度好吧！我今晚上算是第一次來寫這樣大字。

墨汁，大的硯臺，要大筆，頂大號的沒有，想用鬃子束一枝也沒有作料，末後還是第幾寢室中間學生借了一枝細桿鼓肚的破棕筆；其實就是刷子。於是庶務先生取了若干白布條來，是預備寫標語用的。聽差另外將兩丈長的白竹布打開，迭上方格，字數一共十五個。末後的六個字自然是「植樹典禮紀念」。

於是為了玩笑，我在五十支光的電燈下面，用破刷子作了橫衝逆撞的武器。他們說：愈大愈好，字體無妨奇怪，剛寫了末後的禮字，他便喝彩；寫到植字說，這個字太好了。我也得意，因為忙了這半天，還有明日排隊，照相，種樹，就為的是這個字！能以碰著寫好點，自然是體面攸關。

其實我彷彿出了一身冷汗，不是怕寫得不佳，也不是彎著身子累的，因為寫到最先那兩個字「東」與「北」，恰是各有兩把橫插入的刀劍，我遵從他們的話自然也要怪氣些寫，於是真似兩把尖鋒了。這不是有點象徵嗎？就是這麼樣的「東北」便完成了。

我可算苦工已完，放下刷子抬頭看光華四照的電燈似在我頭上冷笑。他們細細看去，我又吸了一枝香菸。

「哈哈！這倒像老長的輓聯。」我的意思似在嘲笑。

「哈哈，你太會說笑話了。」

一會朱先生帶著笑臉走進來，「幹嘛？喲！好大的字！」他的北平話十分老到。

「來來，給朱先生研墨。」

於是這位好寫爨龍顏的先生起始他分寫的標語，但他卻沒有「詞」。畏葸頭目一邊來回在大廳中走著鄭重的腳步，一邊說著許多切題，希望，教訓的句子。於是我們的朱先生便一個字一個字的往下揮。寫到後來，只餘下一對灰色紙的聯，畏葸一看便發話道：

「這怎麼能行！墨寫在灰紙上太不分明了。」

「可不一定照不出來？」庶務先生搔著頭髮道：「原來應該用粉子寫，顯明得多。」

「不成，不成！剛才恕君說是輓聯，再用粉寫在灰紙上那才真是輓聯的樣子，要不得，要不得！」

於是寫的與旁觀的人都附和上幾聲歡笑。我正在大椅子上看一本《畏盧詩存》也禁不住笑容滿面。

結果是另寫一對聯，將這帶有灰暗色的便丟在一邊。

第二天，從清早上又照例地吹起吱吱如鬼叫的風聲，沙土直向人們牙齒，鼻孔中投人。起初聽說由某局子要的樹栽子沒有到，一般人以為這真沒有方法了，典禮或在明天補行。及至九點，忽然在風聲中聽見淒響的鈴聲，我的住室的聽差推開門探進半個身子來道：

「先生，開會咧。」

「唉！」我方在看一本《挪威小說集》裡的一篇〈生之喊叫〉，雖然答應了這麼一個不明白的音，卻仍然往下看去。

小說看完之後，想該去看看這單調的光景了。從斜逆的風中好容易掙扎著到禮堂前面。卻見兩位照相師在院子中支三角架。一些無枝無葉的青楊棍子放在乾硬的土地上面。我真怕到禮堂，便一個人又轉到寫字的大廳中去，剛一開門，卻看見庶務先生拍掌道：「你也來取暖了，看，真冷，我這回又披上大衣了。」

還有位楊先生在椅子上看報，他從容道地：「你從禮堂中來嗎？頭目還在說？」

「沒去。」我微笑了。

「他才不去哩。」庶務先生彷彿早知道我由哪裡來似的。

半點鐘過了，風吹得更冷，我坐一會，又翻幾頁《良友畫報》，看它的封面上的「美人」臉子。一會望望窗外的勁風，忽然記起原來今天便是清明，清明就這樣的過去，於是聯想到許多事，低頭看著四方縫出神。不久鈴聲又響一次，便有許多先生們呵著手由禮堂中跑過來，口裡嚷著「好冷，好冷」的聲音。

在禮堂前面照例的按著高矮，排成幾排，大大小小的青年們站齊了，手指上的金戒與漆亮的皮鞋給這風沙漠漠的地方上添了不少的光彩，最前的一行，卻將昨晚我寫的二丈長的白布橫列的拿著，每個字都很清顯，這是預備照在像片上的。

於是我們也被塞進這些大大小小的青年中間去，地位是不高又不低。一聲號令「脫帽！」大家的毛髮便與冷風在空中戰鬥。

費了一刻多鐘的時間，照相師的底板還沒弄上。風太大了，黑布披在他的肩上，一會便將紅裡反罩在像機上面；一會又須扶住架子，末後照相師情願將黑呢禮帽被風吹去方得拍成。

這是一大段落，像成，人散，風更威嚴了。沙土又似將每個人眼障住，天空中如一片黃紗。幾位先生好容易將這大字的白布迭起，據說是留著又不知有什麼用。

我心中有點難過的驕傲，因為我這書法還得映在像片上，這真是想不到的光榮。但向禮堂的上面看去，朱先生的標語卻如門聯般的整齊分貼在窗的兩側。

直到過午，那些青楊棍子還靜靜地安躺在乾硬的土地上。我看它們沒枝沒葉的孤獨樣兒，令人想到植樹的意義。這在鄉村中，或人家的田邊陌上，不是有根有枝的小樹嗎？但它們現今卻在大大小小青年們的足下，或手中，呻吟著「生之叫喊」的低聲，無疑，這悲慘的風是給它們送葬歌了。

忽然記起昨晚的輓聯的話，我就用力的向它們中的一條蹴了一腳。

單調

我們去金龍跳舞場的時間過早，晚七點還有好多人家沒吃飯，而季泉跟我還有非逢與他的太太，小孩卻很高興地走人。外間是售賣點心糖果的，屋子內間便是跳舞場，去的時候只見東牆角上有三位俄羅斯的樂師在調弄絲弦，分外靜，一位客人還沒有。我們坐下，各人要了一杯紅茶或可可，慢慢地飲著。四圍是深綠色花紙糊的牆壁，電燈雖然十分明亮，卻也有幽幽的色彩。安靜極了，這像是一個研究室，絕不像一個扭拉著嬌裊的身段與拖動金花皮子高跟鞋的地方。

人固然少，終不便於高聲談話，我只好向四壁望望，而非逢與他的頭髮蜷燙得很好看的年輕的太太，照顧他們的小孩子，一會提防倒了杯子，一會又給他們些點心，忙個不了。正三十歲的獨身的季泉先生摸著半厚的下頦，似在想什麼事。但不過十分鐘，小提琴與鋼琴和奏的跳舞曲，響出了拍合的音調。

三位異邦的樂師都不過四十歲，唯有拉大提琴的一位年紀大一點，從他的唇上的黃鬚可以看得出。叮噹的和響中，沒有一個舞動的影子。我想即使沒有我們，這幾位音樂家仍然是要按時拉彈。沒有衣衫飛動的影子，沒有香檳的酒氣，沒有強烈引人的香水味，卻也不錯；在這寂寞的春夕他們手奏出他們的歌調，我想他們的靈魂也當有無限的觸感。

十分鐘，樂聲止住，我們沒有什麼可作了。季泉先生又將兩臂交叉在胸前，還不言語。我只向東牆下看那三位樂人的影子。一角的櫃檯邊，白衣侍者在削鉛筆，沉靜非常。獨有非逢的兩個孩子，——這一個七歲的頑強男孩，與他的九歲的姊姊，卻拉著四隻小手在光滑的地板上亂轉。因為他們習慣於來看一對對青年的跳舞，這時沒人禁止，大廳中的空場是他們的樂園了。間或碰著椅子，或是跌倒，他們立起來還是笑著亂轉。他們的父親，這年近四十歲的政治學家，卻不由得笑了，但他的太太——不是這兩個孩子的親母親的太太，卻細蹙著清揚的眉頭，彷彿悶得厲害。

這時季泉先生將交叉的雙臂一放道：「早哩。暫坐在這裡幹什麼！走，走，我們出去逛逛去。」

再一次的樂聲奏了，我們領著這一對孩子衝門走出。在賣點心的地方季泉買了一包巧克力糖給孩子，並且說：「獎你們的不單調！」孩子只望著彩紙包內的好吃的東西發楞，當然不了解這大人的話，我卻忍不住地苦笑了。

出門後我同季泉看這兩對的大人孩子上了人力車，季泉道：「我們走了，你同他們回去，九點到電影場再見。」這是向非逢說的話。

非逢似是在輕嘆的口氣中說，「他們回去，我也去！……」說著，右腳從車子上踏到水汀的門口。

「不，不，回去，回去！」季泉將水獺皮帽握了一握，不管在躊躇中的政治學家，便跟我沿著側路直向五經路的南面走去。

政治學家的年輕太太到底沒做聲。不久我們回頭看那兩輛人力車上的燈光向反對方向的黑暗中疾去。

季泉跟我都不說話。晚風還是冷峭得很，各人將大衣領子豎起來，一直走入日本站的燈火輝煌的鬧街中。

「你對我們的政治學家怎樣想？」我低聲問他。

他起始將肩頭聳一聳，過了一會道：「錯誤，錯誤，有年輕的太太自然無妨；卻是太累了，太拘束了，你想這多麻煩！譬如今晚上他家中還有人，我並沒約，那一位沒說；她這一位太太卻很願意來。本想同非逢出來談談，……但他卻無不依從，這太不自由了。……」

「可是你應該說這才不單調。」我說。

「不見得！」他握握拳頭，「但是這一位那一位的麻煩，我到現在還不願訂婚，告訴你：即使我也來『愛』，頂多不過一個時期，我根本上不認為這是值得了不的，犧牲一切的！」

「也難說，我們的政治學家多聰明，他這一回也定有相互的愛。」

「什麼?怕只是 Passionate,不是 Love。」

我沒有答覆他又接著道:「為 Passion 這末辦,我也不如世俗般的反對。非逢!自有他的苦趣,不過他太少男子氣了。……」

我覺得不願盡著談論了。這時從浪速通轉人一條斜街。他忽然立住道:「逛不?」

我同意,自然要看看這個地方的大批的性出賣的組織。

於是由斜路上我們轉到一條電光粲明的有銅字招牌的街中,各個門面顯然是十分闊綽。許多包車,自用汽車,在街兩旁等待著它們的主人。不多時由季泉的引導,我們便走入一所許多門戶而道路很窄的大院子中去。

一進去我感到別有天地。想起韓老先生說「粉白黛綠,列屋而閒居」的話來。與平常妓院不同;就是一進大門,院子中有幾十個魁偉的漢子與紮了褲腳纏足的中年的婦人,堆集在幾隻方桌旁邊,如同趕會的神氣。

轉了幾個樓角,忽嗅到一陣阿母尼亞與雞鴨的腥臭氣味,原來這所樓下正是雞群的安息地，那面又是廚房。

季泉到了他熟識的屋子裡，一位身體很輕盈的十五六的姑娘走來，首先拍了他一下道：「多久不見呀！半個月才來一回。」她還沒有一般妓女的妖氣，臉上清得很；尤其是彎彎的眉毛與流活的一雙明眸。

「對不起！我回老家去，……來，——來……呀！」季泉將皮大衣順臂一甩，打著皮簧戲的說白口音。

於是瓜子，茶，陸續而來，季泉向我道：「這是第一家，這屋子是比較得闊的，你看怎麼樣？……」

的確聽說這一個門內足有四十餘個少女，多少房門，想來是差不多一例的。一張鐵床，安置在四方形，長寬不過五尺的屋子的一邊，一個玻璃鏡，粗糙洋式椅子，化妝品，日本磁的茶壺，杯，一盞五十支燭的電燈。床上的帳子有一半是淡灰的色彩。這便是這裡最舒適的房間，並且季泉說別的地方的姑娘不能相比。

我用目光，用聽覺，來認識這新鮮的趣味，卻也好，這位說是清倌人的小姑娘，從疲弱的態度中表現出較為靜穆的「病態美」來。不像那些在此中混久了的妖治的女子，目光中都含有慾火與面孔上露出金牙的渴望的情狀。

一會，屋子中只剩下我們兩個。

借了苦的香瓜子閒著磕牙：說戀愛，說鴉片，說人生，季泉先生雖沒有詩人的牢騷性格，他自有他的抑鬱。一會他道：「我現在也逛了，但說你會不信，三十歲還是未經人道呢，這種地方真是沒有辦法來逛一回，自然流連不住，說難聽的話，開心罷了！……」

我道：「自然，那會沉迷，即是沉迷也不在此中，然而你現在也可以說是用其所學了。五年的在美國化學研究，現在兵工廠中不是正用得著。將來結婚後事業與生活趣味也可以調濟了。」我是引逗般地，問他我早已聽見非逢說過他在這兵工廠中用不到實驗，也用不到他那辛苦學來的化學知識。他彷彿是一個月一百多元錢便賣了的靈魂一樣。只是上班，聽點，過著這樣的生活，差不多已經三年。

他將右臂一伸道：「什麼！這才用不到化學呢！……咳！不要提起，我後悔到這地方來，更後悔當初回國太早了。就在美國我也吃飯，現在呢，……一切無味，所以也來逛了！……」

我聽了不覺得出奇，是慣例；多少人才都在這慣例中毀滅了。但回想起在北平讀書時，季泉在我們中是最小的一個，天真、活潑，沉默得很，現在也是這樣的年紀了。只是將辛苦學來的科學消廢在這風沙的行道中。我想到這裡，向著鏡子出神，及至回顧看他時，他正在用右手攬住那位在另一世界中的小姑娘，卻用左手指敲著桌面，又在仰頭想什麼。……

「啊啊，另說一回吧，你對於一切的事也想不到是單調麼？你研究純粹科學的有什麼解說？」

「哼，不學單調跑到這裡頭來，值得！噯！……」接著他立起來，又唱那多少年前在北平摹的西皮調。

這一晚上看了迷離恍惚的電影回來後，老睡不寧，第二天我的主人，非逢一早下樓，問我們昨天晚上到哪裡去。告訴了他，他道：「我知道你們是跑到那裡去，老四，季泉，也夠沉鬱的哩！」

在滿道黃河中匆匆地回來。晚飯後與主人同往季泉的借住的住所中。按鈴進去，完全是歐化的屋子，講究的沙發書架，極精美的窗簾，而這位青年化學家卻寫字臺上寫魏碑，非逢提議到南市場去，說我這未往觀光的人可以去一看，但穿了夾袍的季泉道：

「單調，還不是一樣的單調！來這裡有西洋音樂的留聲機，還不如聽它一回的『驢叫』。……」

風的詛咒

一個月來好容易在昨夜中落了一點小雨！清早六點過後，我在床上醒來，便聽見窗外有滴嗒的聲響，從無窗簾的玻璃上望外看，低沉的暗雲布滿空中，驟然，心頭上有不可言說的愉悅！又聽見幾個麻雀在小樹枝上互相應和地叫著，「噢！到底有點春氣息了。」明明是夢未做完，但合上眼再也不能睡，多可珍惜的時間，這正不亞於在無限的沙漠中望到水草，這輕清的雨滴，細碎的鳥音，比起多好的音樂還使你爽快，舒適，因為這是靈魂從疲憊麻木中覺醒的喊聲。

「情願落雨，這天氣多好！」朱先生穿了小夾衫，踏著紙底鞋，照例笑容滿面地說。

「唉！好得多了，落雨比起吹得人糊裡糊塗的風好得多呀！」某主任，——

他是本地人——一早跑到我的屋子中說。

「至少五天之內可以不吃土。」在圖書室裡的一位身子矮矮，面容非常和氣的青年，在走廊上得意地說。

啊！這是可慶祝的！我到走廊的門口看著地上的汙泥，與單調的分列的房屋，與陰沉沉的天空，不錯，這是春天了！雨滴輕微地點落。

不錯是「大塊噫氣」，說來，卻真令人灰心，可詛咒的風！我到此一月中被你將精神耗損了多少。到這地方我初認識你的面目，與不情的威嚴！偶然遇見這樣一天，情願將溫柔可念的夢拋棄也還值得。

前天從街上走回，看見日本人最近擴充開掘的道旁（這兒是日本的「自由土地」，是隨意開掘的）。幾行小柳樹的枯枝的上面有了柔和的表皮，小公園中的草從沙土中微透出綠痕，這在道中使我不願坐那奇怪的馬車了。不料接著雨天的怒風，——那真是怒的表現，屋瓦，窗上的玻璃，這一邊，那一邊不斷地摔下來。屋子中如同沙漠。茶杯中的土，半天不洗就有半寸深，你躺在床上緊閉窗戶，小粒砂礫還是向眼角口邊進攻。你一出門，卻如跳舞似的東倒西歪。這怒力真夠勁！它一來，多少人的校中頓時一無聲息。因為都蟄居了。——又將我墜入糊塗的夢中，坐在爐火旁邊靜聽風嗥。什麼都安不下心，彷彿一點靈性已被它吹散了一般。空中只是一片淡黃的沙網，日光沒了，一切房屋，樹木，都似在輕沙的後面矇蔽著。一個生物也看不見。而且風的力如旋轉似的，在空中捲起，掙扎出鬼叫似的長聲，而電線，屋瓦，門，窗，卻在不調諧中合奏著難聽的音樂。這也是趣味，你一聽或比《梅花三弄》還好聽，不過那是連天的表演，這真使你頭昏，目花，耳朵也不勝領略。什麼心也沒有了。躺著看書是最好的辦法吧，但一會眼鏡上起了雲霧，不停拭著即刻又滿了。而且在床上心也跳動。於是這屋子中會京腔的先生們則高喊《珠簾寨》、《殊砂志》的抑揚的正生調，想與之相抗，那屋子中便湊集了幾位大喝其關東白幹。沒有方法，我只有抱著沉沉的頭在桌邊獨坐。

然而居然還有這一個微雨春陰的天氣。

寫了兩首詩，一封信，這不是無聊麼？然而是由於真心的喜悅。十點過了，望望天還是陰著，於是便記了這一段。

贛第德的世界

六年前在古城中看見過《贛第德》的幾章，現在又有這偶然的機會將徐譯本在一天中看完。這是一本怪書，是一本絕非事實的人生紀錄，這就怪，非事實的紀錄卻在到處裡碰得到。它與《吉訶德》不同，一樣是一包眼淚的嘲笑與憐憫。然而《贛第德》是將古今一切階級與種種模型中的人物，全把他們的隱藏在奧祕處的靈魂給赤裸裸地顯露出來。凡爾泰的這本書，在詼諧與沉痛的文句中滲入了不少的哲學的觀念，這與《吉訶德》便不同了。

奇偉的藝術，哲理，文學作品等，他幾乎都沒瞧起，雖是托述於他人的言語，但凡爾泰的內心至少是有煩厭與懷想之點。即是最可信仰的愛，在他老先生的意念中也認為究竟須引到反感一方面來。這不是太絕對了麼？過度的不滿，與無望，似無生存於世界的可能，其結果易流為悲憫的觀念，而放棄一切，「德蕩乎名，知出乎爭，」過度的消極，便成了「毋為名屍，毋為謀府，……」的絕聖棄智的達觀思想。這是明聰易感的人容易趨走的路徑，在東方，——尤其是中國，多少人；多少本是意氣甚盛聰明絕頂的人，弄到後來，一切失望，一切無力，便向流水，浮雲，空谷，深山中求解脫。這是既否定了世間，又沒有自己的信仰，沒有辦法，以逃歸自然為止境。這條東方哲士、詩人的絕路，到現在還有多少人在憧憬著，但我們看《贛第德》的作者，他何嘗讚美這個奇惡的世間；不但不讚美，是鋒利地笑罵與咀咒，但這是「力」之表現，卻不是消極的冷觀。在這書的末後，他還有他的信仰：盡力地作工，一切不如作工的價值與慰安，不怠惰方有動力。「這唯一的辦法使得日子還可以過。」這可以過的培養，不同於我們的只能長吁短嘆的詩人了。

真的，尤其是在現代的中國，到處可遇見《贛第德》書中的人物：藝術，學問，政治，宗教，各種的家數，還不是如此。人們都說要樂觀，樂觀，能產生力量，這在別的國度裡或者不能，但在我們這衰老，疲憊，巧詐，迷惘的國度中，真的，「我到底還得取消你的樂觀主義！」

記得多少年前所讀到的某先生論《悲壯》一篇文字，使我的心平空躍起！麻木過度了，還要樂觀，還相信「庸人自有庸福」，若何大的土地，若何多的出產，若何了不得的許多人才，於是我們只有「不識不知順帝之則」了！我們這兒有英雄，有古董，有線裝書，有小白旗，到處又召集的幾百萬壯丁。還有我們的「墳」，我們的古來的同化的魔力，還有我們的能創新的青年，於是大家可以開口嘻笑了！憂慮與憤激不是將力投在虛空中麼！於是我們有光明的希望，有快樂的可能，有享受與爭奪，更有夢入天國的妄想。於是一部分為了憂慮與憤激的言語，行動發自真誠的孩子們便被視為叛逆，監獄，鞭笞，雪亮的刀鋒，火熱的鉛丸，便是他們的報酬。因為他們太不會樂觀了！於是吹揚的文學家，巧言的主筆，賣身的藝術家，不知值幾文錢的哲學，便都鑽到樂觀的空洞中去，從孔竅裡上望青天：「樂觀，樂觀！這是人生進化的由來，這是領導中國走入強大的方法！」

於是「悲壯」不必需了，「精神」自然無所附麗。

不過到現在，我卻還記得胖胖的臉兒，濃黑的鬍子的某先生，他所提倡的悲壯的精神。但怎麼樣？這個大孩子卻早已上了悲壯的大當，他永久抱了他的悲壯精神到黃土中去了！

記至此，卻不能不使人對《贛第德》的話發生感想。

「世上什麼事，都是合式極了的！」但我相信，我們這國度的人還不這樣傻，他是在合式之上更求巧妙的合式；他不止讚美，還要設計攫取，占有，以及永遠的在更合式上不朽——但話說回來，這是樂觀的效力。有多少悲壯精神的孩子們，將合式的生活拋在塵土裡，卻從憂慮憤激中去尋求不可必的生活！

這便是孩子們的殺戮與屏棄！

這便是《贛第德》式的種種人物，在我們國度中到處布滿的由來。

但我們能不能取消樂觀主義呢？

詩話

我初到這裡因為室中生爐火的問題鬧過兩三天的麻煩。因為這相連著一個走廊的各室的煙突建築時非常巧妙，原是兩個房間通用一個的。不知是煤灰塞住了煙突口，還是風吹得不順，每到添上煤塊的時候滿屋子裡煙氣瀰漫，睋得人不敢睜眼。我呢，一面忍受著可惡的牙痛，（這痛真夠得上「可惡」二字，不是有一篇外國小說專來寫牙痛的情形？）一面與煤煙奮鬥，後來還是借了爐工的力量算是糾正了這煤氣的過失。我便可安然地坐在屋子裡看白堊的牆壁，聽漫空的風號。但由此一來卻給予我對那個灰棉袍的聽差童子的注意的機會。他也與一班公共地方的聽差一樣，小心，勤快，口裡不住地答應著「是，是。」然而他才十六歲，黃黃的臉兒，微方的嘴角上常常分抹著煤灰。雖然年紀輕，身個兒卻比我還高。

許是自小時候營養不足的緣故，面色上有點憔悴。因為我這新先生初來便遇著爐煙的問題，他十分關心，幫著工人將鐵圓筒拆了安，安上又拆，弄得滿身灰土。我真有點過意不去！他又太忙，一會這個屋子裡喊他送信，那一個先生又叫他提開水，加上我的麻煩，不過他毫不在意地跑來跑去，似乎這是真正他所應盡的職分。有時用黵黑的灰棉袖擦著額上的汗珠在點火，倒爐灰，掃地，但他絕沒有皺起眉頭的神氣。他固然是有些瘦弱，但比起我們這些浮沉在都會生活中慣了的中年人，他是一個活潑健康無憂無慮的孩子，——真的一個樸質的孩子。

及至爐子安置妥貼以後，我的牙痛也過去了。我做我的室內的工作，雖是抱著一份不安的心，然而能說什麼，只可從玻璃窗中時時呆望那變幻很多的三月的天空。

一個禮拜六的晚上，大禮堂中正演著為學生及同事們娛樂的電影，因為這個地方隔著繁華的都市圈略遠，大家都去消閒，我不愛聽軋軋的電機聲，便早早回到宿舍。我剛剛走到黑暗的院子裡後面，卻有個腳步聲追上來。

「王先生，——回去麼？我給你開門。……」

原來我出去時沒有鎖門，因為沒有東西怕丟，然而這名叫永勝的孩子卻忠於職守替我鎖上了。

「好吧。把鑰匙交給我，難得是星期六，你去瞧電影，不必管我。」我說。

「忙麼，——待一回再看。」他說著便穿過小楊樹的林子向前走去。

及至屋門開放，在他添煤到爐子中去的時候我便問他：

「你是哪一縣？」

「新民，——我也是新民，先生，你不知道三先生是我的老師。」

「啊！三先生，誰是三先生？」我聽不明白他這句突來的話。

「唉！你不認識校長的三哥嗎？他不是在模範小學裡當教員，那天校長請你吃飯不是聽說還有他。」

「是了，原來你們都是同鄉。」

「俺們還住在一條街上，我說三先生真是好人！他在鄉下當了半輩子的小學教員，一個學堂他獨個兒教，國文，算術，甚至也要當個把聽差。他是好老師！真好！誰都說他不錯！……」他一手提著鐵鏟很感興味地說，那位三先生的教育成績，彷彿比在看電影還有趣。

「三先生帶你來薦到這邊的？」

「對！三先生在鄉下忙著教書，料理日子，這幾年每到冬天吐血，可是一個錢不妄費。校長看不過意，去託人把他弄到模範小學裡。他是正月初上來的，我，還有一個學生隨他到省城的。」

「那末你不再唸書了？」

「說笑話了。王先生，鄉下窮得很，說你不信，俺們整天吃白薯，連高粱米也不多。不是三先生替我想法子，小學也畢不了業。——可是咧，若不多少認幾個字哪能到這裡來。你別瞧我有些傻兒瓜唧的樣子，不會哄人，我真喜歡唸書，直到現在我還是好看。……」

我打斷他的話頭道：「你還是好看書？真難得！哪裡的工夫？」

「晚上。先生們安歇了，我還可以看。」

真有點希奇，這是教育的效果嗎？我聽了這孩子的話心上猶疑起來。便追問一句：「你都是看什麼書？」

「啊啊，先生，你瞧我能看什麼！統共上了四年學，還虧得三先生教得多，什麼《水滸》，《七俠五義》，報紙，深的自然看不懂，然而我一樣地去看。」

提起書籍的興味，他還是一隻手提著鐵鏟子竟然將看電影的事忘了。他臉上滿浮著欣樂的微笑，在電光下向著我那書案上的幾迭書出神。

「先生，你一定是念了好多書。我聽大家都說你有學問，是校長由北京特別請來的，可惜我不能當你的學生了！」

「你說，——你說當學生有什麼好處？」我這個問題正是許多正在度著快樂的學生生活的人所解答不了的。為求知識，為做事業，為揚名，為弄到金錢與官位，為撐門面，為加入人世鬥爭的預備，為這個，那個，……總之，是有所為與知所為而為的？但他們是否為了這些原因去當學生？在世間是一個啞謎。即在我也不能用一句清楚明瞭的話答覆出來。

但永勝卻咧著嘴說了。

「自然是有好處啦。可是為什麼我不明白。看書總是覺得有趣……」

趣味是人生中不可缺少的東西，一切的力量，一切的創造，一切的罪惡，全在這上面培養、教育，結束。永勝的不經意的話含著永恆的哲理。我有什麼可以向他分解。再一想，我們這些自覺是有所為而為的閒人，卻對於什麼事最覺有趣哩？以花，以酒，以幻想，以德性，以爭鬥，以互相妒忌，罵詈，甚至相揪打，惡毒的怨恚與殺害嗎？哪一個聰明人從他的良心中有一個不違背自己的答語？我心裡這樣想，但即時轉了語鋒。

「你對於現在的事很滿意嗎？——是很高興，覺得沒什麼委屈的意思。」

「嘻！先生，別開玩笑了。俺們為的什麼出來的。這兒有稻米飯，粥，饅頭，還有王先生們吃剩的菜，好在還有十塊大洋的月工錢。先生，我每個月還可除出七八塊捎到家裡去，什麼委屈。謝謝三先生，我虧得三先生，三先生又有留學外國的這末個校長兄弟，這不就截了！還有什麼話說，來此自願，就像先生。——我可不會說話——不是為了薪水肯到這關外地方來？先生都是我知道的，像那屋子的朱先生，每個月至少匯一百五十塊到他老家去。——噢！我明白你老，你老的意思是指的幹活呀。這算忙，怎麼忙比起俺們大雪天裡到野外拾柴火，趕腳，推車子，差得多哩！……無非早早起來，一等到兩個月後早上六點起身也不遲。……」

他說到這裡我忽然觸到一件疑問，便問道：「你到底是早上幾點起床？我都是在睡夢裡聽見你過來生爐火。」

「四點，有時是四點半。你老，有些先生夜裡自己鎖門的，一早便沒法子給他們生火。」

「四點半啊！這不太早了嗎。晚上就算十點睡，你能不打瞌睡嗎？」

「不，大早上辦完了這些事，及至六點半大家起身，掃地，打臉水，疊被窩，便快得多了。你老是知道的。六點半的起床鈴，七點早飯，再晚了那能成。……」

他嘻嘻地說著，我覺得我的生活懶得可怕。自從到了這新地方之後許多許多的人照例是七點都已起身，赴飯廳去享受他們的早餐。我在晚上早睡睡不寧，睡晏了早上實在起不動身。耳聽著永勝在黑暗中過來扭明了電燈，生上爐火，又退出去，即時我也又在迷離的夢中。及至時間到了，他照例地又過來請吃早飯了，「不，」是我的答語。這樣一來，我只好起床後自沖牛乳吃粗餅乾。所以聽到他說是四點半即行起床，收拾幾個屋子中的爐火的話，我不禁十分慚愧！

他又接著說：「你老一來就牙痛，沒有心緒說話，這幾天好了，日後我自己看書有不明白的地方，還……想求你老指教指教！」

他說著現出忸怩的神色，我呢，聽著你老你老這麼尊敬的話，看看他的誠懇的態度，卻平白裡感到微微的不安！便道：「你這樣自然難得！但我這邊可惜沒有你可以看的書，不你就先拿本去試試。」

我話還沒說完，他一俯身從那粗糙的奶油木的書案上檢起一本薄薄的線裝書道：「這是什麼書？你老可以借給我。」

咦！這正是前天我從一位同事的書案上借來的一本小字石印的《隨園詩話》，因為晚上看著消閒的。卻不料被他發現了。我不自禁地笑道：「這是本詩話。」五個字剛剛說出來；便想起詩是什麼，又有什麼話呢？在這質樸的鄉下孩子的心靈上是否有這個字的形式上的刻印？所以我說到這裡，略略遲疑了一會。

他用右手的兩指掀開詩話的第一頁道：「詩——話，講詩的話，我也唸過《千家詩》，沒有唸完，懂不得，卻也有些句子以為很好看，好聽。這樣吧，請你借給我試試看看，不明白我來求你老給我講講。」

我笑著答應了。於是他便很滿意地挾了這本薄薄的詩話而去。

事務的紛忙與我個人的心緒鬱鬱，十幾天來只是看見永勝照例的奔忙，我忘記了問他看這本詩話的成績。他也沒向我提起。不過有一天我從街上購物回來，那正是晚飯前的時候，忽然聽著一位同事的屋子中正有許多人熱烈著爭論什麼事。我也跑過去，漸漸地聽，方才明白他們正在議論著永勝。——這公共聽差的弊病的問題。原因是不多時以前他為某先生買東西有點差錯，某先生叱說他，他又吶吶的抗辯，事過後大家便對於永勝紛紛提供他們的意見。有的說他不像聽差的身分；有的說他好到各先生的書案上翻弄什物；又有人說他有好偷拿東西的嫌疑，以此便有一位多日不得家書的先生道：

「這小孩可怪，他還寫信哩，有時來要信封，但我交給他送到校內郵筒去的信，——那是家信；你們想都在外頭，家中人還不盼望著等信！每次有一星期家中準有回信來。這一次已經十天了，我終天盼著，每次送來一大包信件，老是沒有我的，莫非他將我那信上的郵票偷下來自己發了信？這小孩精靈得很，不可靠，不可靠！……」

這是一個打擊到那些孤身的先生們自私心的提議。於是各人都在計算著他發信與收信的日期，有的因為這幾天發信多更加上不安！其結果決定大家留心偵察，如有發見找到確據，即可執行判決。

我悄悄地退回我的屋子裡，不自覺地也計算我發家信的日期，人類的自私與偏狹，恐怕都是這樣！但我實在覺得他們這論斷遠於事實。四分郵票從人家的信封上揭下來，永勝不會幹這樣令人可笑的事！但從大家對待他的心理上看來，我只有替他嘆氣而已！

他呢，經過一次風波之後還是照常的工作，不懶惰也不灰心。

其實這三四天內各位先生得到家人與友朋的覆函並不少，我也是其中之一，於是永勝偷郵票的話漸漸沒人提起。

就在這時候我有事須到遼寧的一個大城裡去擔擱六七天，臨行時我將房間的鑰匙，還有應洗的一包被單，衣服，都交給永勝。及至我由快樂的旅行中回來的那一天的過午，剛到走廊上，卻見一位年青的短衣男子在給我開門，我正在遲疑，隔壁的楊君跑出來道：

「回來了，一路辛勞啊！咦！這是新聽差××。……」

「換了麼？永勝。……」我愕然地反問。

「對。他與各位先生不對，又一天，你走後與×先生吵嘴，事務處把他訓斥了一頓，他便走了。」

開門之後，我在撢理著屋子裡的灰塵，看見床上一大堆新洗的衣服，正是臨行時我交給那走去的永勝的，一些都沒錯。我正在想著這事情的突兀，一會楊君卻又過來，將一本小書丟在案上道：

「這是永勝臨行時交付我的，說是你借給他看的一本詩話。」

「啊！」我點點頭沒說什麼。但是他的質樸的心靈與誠實的鄉野的趣味卻隨了這本詩話永留在我的記憶之中！

沙城

偏要到那沙漠般的地帶去看一看中國唯一大規模的屯墾區。承畏萌的佳意，由路局找得來回車票一張，且允為寫信介紹與他的友人就是屯墾區的暫時的首領K君，囑我到時面見，可以詳細看看。因為調查是不容易的事，我只是要好奇的感到興趣的去發見這片內蒙古舊地的種種而已。是晚上九點的特別快車，我們早早到了站上，拙生、明川、信之，還有綜理事務的王主任，必要共同相送。及至馬車將我們載到有日本字的鐵柵門時，時間還早一個鐘頭，決計在街內散步。然而在日本站的範圍內所見到的是奇怪的和文招牌，慘白的各種電燈，到處觸耳的是日本人特有的腳步聲。我們逛了幾條大街覺得乏味，便重回到站中。恰好開往洮南的車已到，便一同到車中坐談。你們如有到過這等車站的，便會覺得奇異！

本是南滿車站，而中國自修的鐵路四洮站房卻附設其內。兩個站臺同在一處；警察鐵路上的辦事員須以衣服肩章分別，是屬於這一路那一路的人員。

在精美如南滿車的二等車中，(因為借款的關係所有這條鐵路的購置材料等都是由日本來的。)閒談著教育，日人的勢力，生活，諸種的問題，大家只有搖頭。

車行之前來送我的友人有一位曾經去過白城子一次的，他鄭重地說，「那地方真沒有好玩，苦極了！除卻風沙還是風沙，管保你去這一次便再不想去了。不過那裡的牧馬場倒是一個特別的地方，不可不看。……」

及至我要問他那牧馬場有什麼可看之處時，車前面的汽笛已鳴，大家便一齊下車。

這一夜不大的風聲送我從曠莽的中國北方的原野中到了洮南的城外。

早上七點，天氣雖不大冷，我穿著厚絨大衣並不覺暖。這是四月的天氣了，不必說草長鶯飛的江南，就是T市的海濱也應開遍了櫻花，山嶺，林子，如畫的馬路上也一定被溫煦的氣候薰醉了多少的遊人。但這荒涼的土城外呢，可也巧，又正逢到一個狂風如虎的好日子。車站外一色的黃沙在滿空中飛揚，那些背著厚重被褥，攜著筐籃的人們都掙扎著向風沙中衝跑。我只帶了一隻柳條編的提筐，因為穿著西服的關係，一出車站便被幾輛馬車圍上來。

在車上，馬蹄向沉厚的灰土中爬行的時候，我覺得真的如置身荒磧中了。雖說是到了這遼寧的一個重鎮的城外，遠望是全在沙土的煙霧之中，不但看不見什麼雉堞，就連城牆的影子也找不到。地上高凹不平，破舊的俄國式的雙馬車，那突兀的彈簧墊子幾乎將身子掉下來。穿了白鞹的大羊皮皮襖，戴著遮耳大絨帽的馬車伕，用鞭絲左右揮舞著，口裡還啣著短短的旱煙管。本來車站距離城門並不遠，但在這二十分鐘中我幻想著如同到了小說中的境界。荒涼，奇異，鬼怪的古城，騎馬的強盜，風沙中的喊叫，滿地上的磷火，髑髏，一切的聯念都有。總之是這樣枯黃的日光，布滿空間的沙粒，四望茫茫的郭原，縹緲的城市的反映所構成，實在不是在這樣天氣與到過這個地方的人所能想像得出的。你盡可想像世界有名都市的美麗與繁盛，但這個地方的蒼茫，荒涼，恐怕很難得在腦子中構成一個相似的輪廓。

好容易到了城門口，啊，城門以上什麼都沒有。牆呢，除卻有六七尺的土基以外又是什麼也沒有。簡直如同久已傾圮的一所堡壘。進城之後，市廛呢，人家呢，街道呢，可憐經行的這一道，連行路的人都碰不到一個。還是一片土塊堅硬的帶鹼性的荒原。風聲將遠處的市聲遮斷，一切聽不見。我坐在車上不怕沙土瞇目，盡力地向前看，只有自半空中下落的層塵。明知道是兩條鐵路交叉點的一個大城，卻不容我不覺到心頭忐忑！同時卻也感到一種好奇的興味的滿足！

又走了十分鐘，漸漸地看見幾所泥土的房子與高粱稭編的風障，又漸漸看到如鄉村中的土街，穿了厚重衣服的居民，轉過幾個彎才得到一所如北方鄉鎮中的大店安歇。這是來升棧，是洮南城裡最大的旅館，騾車，草堆，馬糞，只有土牆圈子的露天廁所，一切都如舊小說中所描寫的野店沒有兩樣。但有單間房，玻璃窗子，有的還有寬縫子的地板，一兩支新式椅子，這是多少有點近代意味的。

周身如在沙土中翻滾過的，盡力地洗，漱口，總覺得到處都是土的氣息。我在一間有大土炕破蓆子的小房間裡躺在所帶的毛毯上不能動，木格子門外是煤爐的響聲與搏戰的風聲。雖是一夜沒得好睡，然而這過分的疲勞卻是天時與境界造成的。一小時後我喝了一大碗豆汁，吃了幾個份量頗重的油條，又覺得頗有精神。決意先出訪問友人，雖是漫空的大風我不願在這樣旅舍中空度過難得的時間。

另一輛馬車拖著我到××衙門，到××公館，到××學校，以地理不熟的緣故，多走了許多路。時間的耗費卻給我以不少的認識。從蒙著臉的紗手絹中我看到這沙城中的重要街與特別的馬路，××公館的威嚴。原來這規模頗大的城市中心並不全是荒涼，有藥店，絲房，雜貨五金店，應有的交易卻也盡有。但多半是泥土房子，只有幾個樓房是青磚堆砌的。馬路上盡是柔軟厚多的灰土，大風從車輪馬蹄下簸揚上來，直逼得使你陣陣乾嗆。當我到了似柱旗杆的磚座的××衙門的傳達處時，屋子中躺著，坐著，盡是灰衣的兵士。其中有一位身軀肥重的四十歲的看見我穿的一雙新皮靴道：

「你這雙皮靴多少價錢？」

「七塊。」我答道。

「喝！便宜，便宜，那哈買得來的？」

「去年冬天由北平買的。」

「到底是京貨，便宜得多，在省城，哼，十幾塊辦不了。……」

靴子的問題沒談完，進去通報的副官（傳達處的人這樣稱呼他）將我的名片拿出來，說某參謀回家去了。唉！我本來預定在這沙城中住一天，想借這位不很熟的朋友引路給我看看這沙城中的真實生活，這怎麼辦呢？我又問他：

「不是有某參謀的一位本家老人嗎？」

「不知道。」他已經有點架子了，恰好旁邊一個老兵撫著額上縐紋道：

「不錯，有那末一位，沒事，聽說住在××公館，這邊沒有。」

這是一個難得的消息。這位某參謀的本家老人便是我在大連丸中遇到的十年前的熟人。於是我問明街道又去找他。及至跑了不少的路，經過又像入城的荒涼區域，好容易找到××公館，大門上值崗兵把我又引進一所三間黑暗屋子的傳達處，我很恭敬地問那些坐在火炕上唱小調的兵士。他們打量了我一會道：「×老先生不錯，他以前住在這公館裡，這幾天他又到××小學中住去，你找他到那邊去。」

「多遠呢？」我被這來去的風土逼怕了

「不遠，約計有五里地。」

我一眼看到牆上的電話道：「借重吧，那邊有電話我可以先打電話問問麼？」

「一定在那裡，打什麼電話！——」口氣顯見得不耐煩，於是我剛剛伸出去的手又縮回來。

坐在車上想再找不到，我只可到旅館中吃酒睡覺去。這等奔馳的苦惱實在是我平生第一次感到的無味。我覺到這沙城中的天氣，人物，街道，無一不令人煩厭，恐怖，同時我也微微地懊悔這次自己獨遊的魯莽。

將近正午，方得在一條小巷中找到××小學校，門外有一堆乾糞，一帶土牆，正有幾個瓦工在壘造什麼。地方果然找到了，出其不意地×老先生在鋪了羊毛氈的大炕上立起來迎著我。一會將年輕的劉校長介紹了。問我怎麼想到這邊來，又力勸我到學校中住一夜。因為這小學校的校長曾拜過他作老師的關係，對於我這生客又極為殷勤，我跑了半日驟然到了這間銀花紙裱糊了壁子方磚地的大屋中，覺得分外爽快。又有這位誠篤的老人與樸質的年輕校長，我更不推辭，便匆匆地催促原坐的馬車回去將我的簡單行李取來。那時已經是校中散學的時間了。

一個單級式的小學，四十多個程度參差的學生，兩列屋子。（一列作教室，一列即是我同他們談話的西屋。）校長是一個月二十元的薪水，另外一位教員，一個校役，都屬於這位劉姓的年輕人管理。他十九歲。是師範與省城農林速成科（兩年卒業）的學生，住在這沙城中的一角。他得到這位置很不容易，家中有父、母、兄、姊，有幾畝墾熟的薄田，自然不足用，還須從他這月薪中分出大部分來維持他全家的生活。他是中等身材，健壯，圓胖，帶有孩子氣的臉，眉心很寬，粗秀的眉毛，厚重的嘴唇，紅紅的腮頰，一點並不輕佻。總之從他的言語與舉動看來，他是經過生活的，知道生活的意義的。質樸，亢爽，又十分精細，溫和，像這樣的青年在繁盛的都市中不大容易找。得到經過×老先生的介紹之後，他知道我是誰，雖然不很清楚，然而誠懇的招待使我覺得比在最大都市中的最大旅館裡心裡安舒得多。

午後空中的沙陰（這是我硬造的名詞）愈重，那吹播的風力使人望而生畏。雖然我願出去看看，但×老先生說無可去之地，他又到此不久，不很熟，所以我們只好盤膝坐在溫暖的炕上談天了。胡匪，老蒙古，洮南的天氣，特別生活，軍隊，墾荒的情形，對於我，這一切都覺到一種隔膜的興味的滿足，他們溯說著這地方初設府治的荒涼狀況，未通鐵道時的行路艱難，我初入城時看到的景況，那簡直是發展後的佳象了。在民國初元時，這裡只有騎著駿馬的鬍子，與更大的風沙而已，那時由省城來一趟，非結伴走上十幾天到不了。沿路上沒有野店，百多里不見人家、旅客只可學學蒙古人的辦法，帶著炒米用水衝下去壓饑。道中遇見強盜，錢幣全替你拿去。行囊他們卻不要。這裡又是通內外蒙的要道，多少捨了生命奔跑幾個月去做買賣的人必須經過。因之，種種的故事便發生了。這城中的人口現在多了，也不過九千多人，是幾年前四洮路通後驟增的。不用問，居民是沒有土著，都是由各縣以及山東、河北轉徙而來的。他們都是為尋求生活與創始另一種生活而來的。墾地，種菜園，作工，是他們的職業，原先的功績應該歸於這些先進者的。現在漸漸地繁昌了，自然，不成形的小戲院，土娼，雜耍場，澡塘，都有了。但大多數開創此地的人家還是手胼足胝地過著他們的艱苦的日子。

我特別地問到蒙古人的生活，景芳（年輕的校長）笑著道：

「你不是要到洮安麼？由那邊往裡去蒙古人多哩。就在這城裡也不少。不過他們在這裡住久了，一切都與漢人同化，不是知道的分別不出來。我的大嫂就是蒙古人。……」

「言語與習慣難道一點看不出來？」

「我們自己有時看的出。——這都是進化的了。住在城外或遠處的老蒙古多的很！他們都到城裡做交易，就是好喝一口。你若送他一瓶酒，比什麼禮物都看得重。他們住在近處的都曉得種地，住土屋子，沒有蒙古包了。」

「他們識蒙文的多麼？」

「那會識得幾個蒙古字就了不得，漢字不用提了。放牧、騎馬、喝酒，睡覺，便是他們大多數的生活。」

景芳笑著繼續道：「他們的女人真的比男子好看得多，皮膚也白嫩，不像蒙古大哥的樣子。——這是一個笑話。不是有一次蒙古人騎了馬到城裡買酒，酒店的人欺負他給他一瓶酒，一瓶醋，他將兩個大瓶背在馬上出城而去。天氣太冷了，他又喝醉，路上把那一瓶醋掉下馬來跌碎了，原來醋怕凍已經結成冰塊。他十分惋惜，以為冰壞了一瓶好酒。這等趣事真多！……」

大家都笑了。接著×老先生嘆了口氣道：「他們到現在忘記了過去的光榮了！當時成吉思汗征服了歐洲的大半部，還不是老蒙古的力量！」

「這幾年來他們也漸漸抬頭了。一些在漢人區域內住久了的年輕人，有入學校的，漢文也很好，他們何嘗不想有些作為。」景芳說過另外的一些蒙古人的瑣事，已到了上燈的時候。

門外的狂風仍然不住地狂吹。我同他們說明早要去白城子的計劃。景芳很高興，他因為葛根廟前有他的一家親戚欠他幾十元錢，正好那邊來信囑他去取，可以與我同行。一個地理不熟的旅行者，聽見這年輕人能以相伴，當然是十分欣慰！晚飯吃的煎豆腐，鹹菜，炒雞子，另外買的白面饅頭。他們平常是吃粗麵與高粱米的。一壺好白幹，我們且談且飲，都不客氣地坐在炕上。紙窗外的沙粒時時作響。外間裡生著灶火，便是廚房。除掉我十歲左右隨了母親走旱道住小店的經歷之外，多少年來像這樣質樸簡單的生活過得太少了，偶然嘗試，得到心中滿浮著安慰的喜悅！但想想，如果使我像這年輕的校長年年的生活就是如此呢？我卻不敢向自己擔保了。

這裡沒有電燈，點上煤油燈來，一團黑影聚在紙頂棚上。×老先生吸著旱煙，慢慢地訴說我們在濟南見面時的舊事。漸漸地風聲息了，八點鐘後落起小雨來。睡的很早，炕太熱，我只好在距火灶遠的地方躺下。黑暗中聽著雨點打著院中的泥土，並沒曾覺得這是在「北國」的沙漠之中。

洮兒河畔

洮昂路的汙髒與規模的狹隘，不能與四洮路並論。據說這條路與日本人是沒多大關係的。剛剛七點我與劉君便從東門裡的大街被馬車載到站上。昨夜的微雨朝來卻沒有沙土了。東門裡的馬路很寬闊，兩旁的店鋪不少，與入南門時的景象迥乎不同。然而「出其東門」，卻仍然是一片曠野，到那簇紅磚房的洮昂站有一里路。

二等車上有十之七八是他們的路員，衣服都很整齊，人都年輕，全是遼寧吉林兩省的口音。他們嘻笑，高談，吃著麵包，梨子，都快樂而康健，顯見得我這生客是另一個世界的人了。本來到白城子不過幾站的距離，然而車行後所見的景物卻與四洮路上很不相同。劉君似乎看出我的疑惑，他說：

「這條河真有意思，你看河邊上這片草地，這一群牛羊，潤溼得多了。無論多大的風，一過洮兒河便與洮南那邊不同。左近這樣水草的地方不止一處，其實你不要覺得興安區更荒涼呀，比洮南好得多。不過一切是新開闢的罷了。」

火車從朝霧中穿過，天空被暗雲遮住。沿道上沒有風沙，除掉河邊一段段的水草之外，一望無際的大野，樹木間有三五株，極疏散的點綴在道旁田地上，人家的房屋也不過一間兩間的孤立著，清曠，寂寥，荒寒，這類的形容詞都恰如分際的用得著。四望東南方遙遙矗立的幾簇歐風的樓房，那是四洮路的站房。僅有土基可限「鬍子」馬足的殘城，早已看不到了。經過一個多鐘頭，我們便到了興安區的總機關地白城子。

這裡的確與洮南的沙城兩樣。車站左右的地土全開墾了，還是肥沃的黑壤，清新的空氣由原野中吹動，沒有城牆，也沒有那殘破的大門。天氣又是微雨濛濛，沿道柔草初青，不似那邊的荒蕪，很奇怪，興旺清曠的趣味頓使人有海闊天空之感。我們冒雨先到距離車站不遠的苗圃。劉君找到他的同學張新田的公事房裡，暫為休息。原來去年初辦的苗圃是借寓在這邊的縣立中學裡。說是中學，其實建築與內容比起我的故鄉鎮上的小學還不如。黃草牆，泥坯屋子，其中的器具多是白楊木作成的，並沒加髹漆。連附設小學在內，聽說才每年有兩千餘元的經費。規模自然是無可言，但在這榛莽初辟的地方已經大非易易了。苗圃只有兩間小屋子作辦公處，張君不過廿餘歲，清瘦的青年，卻也與劉君有一樣的誠篤。屋子中有一個叫人鈴，印色盒，毛筆，一瓶膠糊，還有一本遼寧省立農林專科學校的畢業紀念刊。此外便是些紙張了。因為地是土的，只有一面窗子，初進去便覺得冷森森地使人不舒服。劉君與張主任正在談他們的契闊，我便告了罪，在大炕上欹著。門外雨愈落愈大，腹中又感飢餓，一陣牙痛，只有癟著氣忍受。——這自己找到的旅行痛苦！

一個異境在我的朦朧的意識中展開。一道蜿蜒流去的河流，被兩岸的尺多高的不知名的青草披遮著它的銀波。正是微薰的五月天氣，溫煦的陽光照臨著田野與不多的小樹。河北面的平原上約有幾千個騎著健碩的大馬與徒步集合的健兒。

他們有的抱著來福槍，大多數都是持著雪亮的舊式的槍刀。衣裝也不齊一，油光可鑒的黃紅長袍，與有大衽的短衣，吶一聲喊想衝過河來。河這面有幾營的灰衣兵，在一個短髯肥軀的將軍的指揮下。列開散兵線，遙遙地取一種包圍的形式。一色的新式槍，從容不迫地預備向河北面射擊。那些沙漠中的健兒正在揮發著他們的原始的勇力，齊聲叫喊著聽不分明的怒吼。像是要把他們民族的熱血整個兒灑到對面的敵人身上一般。然這是知識與器械的一種戰鬥，沉靜與叫囂的對抗，果然，號槍一響，河南邊的將軍將指揮刀一擺，幾千發的子彈同時在空中迸射著。那些徒知恃力的健兒沒有防禦，也不知道躲避，拼著血肉的肢體哪能抵得住火熱的鋼丸。又一陣呼暴聲中，河南岸的灰衣人一齊跳過河來。尖明的刺刀拚力地刺戳，子彈聲震破了這荒漠的靜寂，沒有多時，幾千的戰士退走了少半。其餘的裂咀，伏身，死的，受傷的，在泥草地上翻滾還有多少傷殘肢體的，被灰衣兵捆縛起來。即時刀光纏弄著他們的頭顱，一堆堆的熱血凝結在怒生的草莽上面。我似乎在遠處眼看著這一群赳赳的壯士整隊高唱著回去了。……

彷彿一個流彈射在我的左腮上，火燙的一陣，醒來了，牙還微微地痛著。細看屋裡卻只有我一個人躺在床上。門外的雨聲小得多了，還有淅淅瀝瀝的微響，回想這午睡的夢中情景：原來是昨晚上劉君談的故事。民族的盛衰沒有一定的規律，現在呢？精幹的日本人在這一大片土地上任意橫行，恐怕中國前途可慮啊。昨夜我的確深深地被這個戰爭的故事所激動，所以在疲乏的午睡中造成了剛才的幻境。

白城子中的投影

雖然是設治在二十年前，經過四洮路的修成以及其他方面的發展，在未劃成屯墾區的中心時，不過有居民九百多家。聽說當初設治時連駐防軍營在內只有七家人家。現在我們走在沙土平鋪的大道上，望著整齊的青磚房子，回想那時候一片莽莽的原野，一天沉沉的雲霧，一座人煙稀少的土城，一切都沒有，只是過著原始生活與冰雪奮鬥，不止令人感到時間的轉化的威力，而且知道人力究竟可以補救自然的欠缺。兩天的白城子的遊覽，談論所得，比起看多少專講進化論一派的哲理書明白得多。在這片荒原上不止把人與物爭人與人爭的實情披露出來，就是在榛莽初辟的趣味上也使我感受到不少的「煙士披里純」。

說到這裡，我願意先介紹一點歷史與地理的實情，因為那個地方到的人太少了，恐怕除掉東北的一部分人外沒有多少人能略略知道這方園五六百里中的一切。

白城子便是洮安縣城。當初原係內蒙古札薩克圖旗的一部。清光緒二十九年才設局丈放地畝，招收墾荒的人民。改名洮安是民國三年的事。本來內蒙各旗的疆界很為遼闊，自從札薩克圖與鎮國公旗劃分出幾縣之後，他們的領土範圍便小些了。白城子在洮昂路未曾修起以前，那一幅荒涼的圖畫可以想像得出，遼邊窮民度著混沌的生活。洮昂路車通後，居民也不過九百多戶，商號資本最大者不過五千元。聽說自從一九二八年冬天遼寧的屯墾軍開往駐紮鎮各旗之後，一切的需要漸增。一九二九年夏屯墾公署移住這個地方，於是商家日多，而物質的供給亦能從外面時時運到。街市的繁榮與人口的激加，使得這內通索倫山的小縣城日見熱鬧了。

這地方現在是洮昂線的第二個重鎮，是洮索線的起點，南有洮南，北通鎮東，泰來，向西北去直通土木局子，便是修造局未成的洮索路的終點。一共是二

○○公里。這一路從鎮國公府往上去，愈走愈高，群山遠繞，便入了興安區的風景幽美，產物豐盛的沃地。也完全是內蒙古人的聚居處，不過地廣人少而已。

好了，我這點的追溯與說明地勢的規模，就算了，如要詳查須另找專載。

我常感到一切事從新造起是比較的有興味而且容易成功。舊店鋪改換新門面，或者舊式婦女強學新打扮，費力得很。衰老的民族與古舊的國度不要說過去的思想勢力永遠在牽掣籠罩著她，即使想著煥然一新，把人家的工具樣兒全搬過來，全模仿會，已經是要經過多少彆扭，——多少戰鬥。文學家常想在沒曾開墾過的地方下種粒開荒原，的確有他的道理，譬如改造舊體詩總不及從新來創作新詩自由有興趣，且比較上易於成功。白城子就是一個好例。現在我看到了十丈長五丈寬的馬路，雖沒有瀝青油的精潔，然而在上面散步令人感到闊大的舒適。馬路兩旁全是新栽的楊柳，自然在這裡沒有蒼翠的古柏，沒有大可合抱的榆，槐，然而那一片幼稚而富有生氣的小樹點綴在這片平原上，不是可以另外啟發遊人的思感！其他如柴草市，粉米市，菜場，都有一定的地址。沒有那些舊城中的擁塞，爭吵，以及滿街的腥臭電燈廠，電話公司，無線電都有，居民在這些事務上所享的物質的幸福，並不下於津、滬、平、沈的人們。這裡誠然沒有可貴重保存的古老的文化，然而易於平空建造起理想中的樓臺，不也是大有希望麼？過去的文化的遺留，能以動人的美感，使人有懷往的幽情，知道古代的生活的片段，不過它的使人眷戀的心情，與捨不掉打不碎的為難狀況，也足以阻礙新機的發展。比如最古的國家，與最老的民族，愈是有其久遠的文化史的，現在怎麼樣還不是被物質的暴力壓榨出他們的保守的血汗？累得抬不起頭，掙扎不起疲弱的手臂，徒發出呻吟的懷舊的怨聲。有何補益？

像白城子這類的地方正是一片新土地的開闢。你看沒有幾十年以上的房子，沒有威儀森肅的古樹，沒有傳統的牢不可破的種種舊習，一切的人全在為生活的競進而奮鬥。在這兒不能安享幸福，不能悠然地暇想，而且也不容許你只在做沉迷淒戀的好夢。有的是膴膴的田原，待人耕墾，成群的牛馬待人牧放，一切要你一手我一手經營，創造的事務太多了，這自然就增加人好動的力量與辛勞的興趣！

據說在初設縣治時，也有土打的城基，後來頹圮了，如今連一點的土牆隴也看不出來，不用說小巷子，石牌坊是沒有蹤影，就是舊式的衙門，廟宇類的建築，也見不到。盡是南北東西十字式的寬廣道路，大街上的兩旁店鋪的房子一律嶄齊，用不到截長續短的翻修。雖然限於物力沒有鋼骨水泥的高樓大廈，然而那青磚黃泥砌造的房子，卻另有一種清新純樸的印象。最大的公署是在這城的北門外的西端，雖是占地不少，其實也是土階茅茨，一色的黃土圍牆。至如縣政府不過是等於內地鄉村中的一個大農家的住院，而縣教育會商會等的公所，或者是小鄉村中的舊書塾式幾間小小的屋子而已。就是中學生的教室還是一例的土地。你就可想在那邊的青年與學童不會有內地的革履西服與講究的衣服了。我所見的幾處公務人員，差不多都是藍布大衫與極粗的藍呢或青布制服。除卻在屯墾公署中的上等職員外，看不見西裝的衣影。有時幾個穿了油汗可鑒的黃紫長衣的蒙古哥兒在街上閒踱，其餘的多半是短衣的農工與青布衣的商店小夥。

因為劉君的介紹，我得與他的同學，這邊的縣立小學校校長黃子佳君——一個蒙古人的新青年——談過一些話。他是一位二十四五歲的青年，一見面自然看不出什麼來，面對面的審視，也可看得出他也有他的種族的微微高起的顴骨，與略向上斜視的眼光。他已經移居洮南兩代了。所以言語文字是完全漢化。然而他的家庭中仍然說蒙古話，重要的家事遵守蒙古人的禮節。他能在這邊任小學校長，足見他的力量(這不是虛妄的推測)。他態度安靜，富於作事的毅力。他曾告訴過我一些蒙古人的事與其感慨。他承認蒙古人的弱點，但不相信他們是不可補救。他也感到漢人對於他們沒曾盡提攜幫助之責，並且缺乏諒解的同情。他十分誠懇地說：

「外間人很少知道蒙古人的狀況，差不多的漢人提起這些還生活在游牧期間的民族多存著一分忽視的心。在這邊更少有關內的有知識的人來遊覽。我很盼望你有這次的經歷，回去之後用文字宣傳宣傳我們的痛苦，不要使有知識的漢人只是忽視我們而不盡啟導之責，那末我要代表我們的族人向你致謝！」

當時我聽他說後，真感到一個民族的衰弱的痛苦。黃先生是有近代的民族意識的，比起一般的國內新青年來，他的清醒的民族意識也還重得多。他又告我蒙文的構造，我請他將那些字母寫出來，讀給我聽。雖說是比較簡單，但也有種種的變化伸縮。不過他們的讀音全是厚重的舌喉音，輕清的極少，這足以證明他們的言語還有多方面的發展的潛力。

我在這城中曾遇到一位鄉間的村長，他說他們的鄉村只有幾家就算是一個村子，多的十幾家已是較大的了，生活是種地，種菜園，晒大糞。近來的土匪，因為自從開辦軍墾以來消除了好多。他是個紅紫色臉膛的誠篤的中年男子，他說話時謙和的笑容常常堆在臉上，對於他與他的村子中人的現在生活似乎很滿足。他以為有漸漸開墾的土地，有溫暖的陽光，有建築得厚重可以禦風的房子，在這裡沒有戰爭，沒有搶掠架人的土匪，沒有很苛重的捐稅，更沒有古舊地方的禮俗上的煩擾。他與他的同伴們安靜而奮力地維持著在這片新生地上面的生活。他不想一切的不平，與辛苦的掙扎。從他的臉上的表情看來，也不見一絲毫的憂鬱，焦悶，或淒惶的秋氣如內地的農人似的。

在街上走，見到的各種用具的出售，最多的是鐵器，也就是田地的工具。有的在櫃檯上，有的在大道旁擺著小攤，盡是新由鐵匠的手中造成的犁、鈀、鋤、斧、釘子、鏈子，圓的鐵釜，尖長的鐵鎬。生意一定很好，不然不會有這些供給者。那樣晶亮的銳光與沉黑的堅實的形狀，耀著日光，躺在軟軟的土地上，期待他們的買主。這是一幅新生的地方的樸野而有力的圖畫。

然而這裡不止有工作，也有那樣俗靡浮蕩的娛樂，在偏僻的街道上有小戲院，唱著在這個地方流行的皮簧戲。對面的幾條小巷中有不少的女人，也如遼寧的任何小城市中一樣，肉的出賣是普遍的流行著，不過據說在白城子的賣肉的女人卻只供給那些泄欲的兵士與勞工。她們在巷口上出入，極低極賤的人造絲的不入時的旗袍，紅小襖，青馬甲，一遇到只能給你留下一堆粗料脂粉的晃影。劉君指給我看，並且說我們可去參觀，如果願意去的話。我終是有點無形的意識支配著我道：

「你瞧，這些樣子我們哪能去？——」

「噢！你誤會了，我的意思我說你去看一踹，並不要你去坐下喫茶，這裡無妨的，我們儘管去看看，即時出來。」

於是便檢了一家門口，從矮矮的黃草門下走進去，我用手絹堵住鼻嘴。怪極了，這是我第一次的發見。原來一列北屋全是有可通行的道，每一個木床一邊有半截土牆，牆外便是從入口到出口的通道。自然這是每一個女人同她的需要者的放肆的地方，想來是不管白晝與暗夜，這一隅的占有便可為所欲為，不管隔壁，——半壁外的事了。來來回回的女人們，肥胖與黃瘦的種種我倒沒留心。她們看見一個穿了藍制服，一個套著絨大衣的我們走進去，似乎都疑惑地看一眼不說什麼。我走在前面，穿過這一列有六七個半壁的長屋子便跑出門外。劉君在後面道：「還看別處麼？」

「不。」我皺著眉道：「可以了，可以了，不必再到別家了。」

我出來想，既然這新地方一切都要從新造起，為什麼容許這些可憐的女人們在此作這樣的生活？不很容易麼，這裡的主持市政的說一句話，便可消除了這有新規劃的地方的汙點；又一想，也許他們沒有辦法，為暫時求市面的發展，故不能不有這樣的制度以作招徠？然而我雖然在這片新開發的土地上也感到所謂人生與罪惡俱來的話不是謊言了。

在這裡經營飲食店的都是天津左近地方的或山東人，寬廣的屋宇，大火坑，滋味豐美的肉餃與大碗的雞麵，是一般人最喜吃，價也最廉的食品。

總之，兩天內的荒城（其實應該說是一個新城）所見，無論如何給我的清新空闊的意念比較煩厭的觀念為多。每次旅行到一個新的地方它能將它的新奇與特異的趣味展開在你的面前，不過中國的舊城市的狹隘髒亂，不容易令人有好感。到這裡究竟是創始生活的分享，它能把它的闊大的胸懷與清明的面目對一個遊人裸露出來。

夜話

本是想不到的遇合，我不知道在這屯墾區的總頭目K君原是十年前的舊同學。我為調查情形的便利上起見，拿了介紹函到他的衙門中求見。我想至多他們派個祕書與我談談，給我一點文字的幫助，此外我並不想特別有什麼奢望。幸得這位久慣於軍人生活的K君他一見我的名片，沒曾忘了在校時的友誼。我由他的副官領導與他握手之下，才由他的面目上記起了我們在很年輕時的友情。原來他在中學校時比我早兩年，廿歲後他就投考軍校，經過幾次劇烈的苦戰，東渡日本專習炮科，他又不用原名，所以我竟一點消息也不知道。人生的道路多複雜，十六七歲時候同住在一個學校內，同在一個球場鬧著種種的把戲，同在一個教室裡頑皮地又是很糊塗地讀著淺薄的書籍。但時光的輪轉輾破了當時見慣的青春，各個人盲目似地在人生的急流中亂撞，真的，若干年後的重逢，彼此知道各各受了社會的另一種的薰陶，有自己的理想與所尋求的目的。無論如何的歡洽高興，終不是那個時代的人了！當我同這位身軀高瘦，面皮微黃，留了上唇的短鬚的軍人在他的辦公桌前第一次握手的時候，大約我們彼此都會記得到大明湖邊上那時我們的生活。他的眼不大，然而剛毅的光卻時時向四周流露。從他的態度與言語上看來，這十五年的訓練使他完全成了一個新的軍人了。他問過我過去的種種生活，又堅懇地請我到他的公館裡住宿。因為有些他的部下等待與他會面，我便走出了那一帶矮矮的土圍牆的公署。

我行於修長的馬路中，迎著過午的冷風頗是歡喜！這位老朋友自己能夠找尋他的道路，他能在這個窮荒地方從新開創一切，足以見出他的識見來。我更欣幸我此行不虛，可以更詳細知道這一帶的詳情。

便這樣，我在他家裡住了三宵。除卻我往葛根廟旅行與白天的參觀一切之外，他每晚上跟我在他的收拾得頗雅潔的小客室中談話，直到十點。我們所談的範圍很廣，往日的同學生活中間的各個人的變幻，政治，日本情形，專門的軍事知識，十年前的文化運動，國民革命，山海關前的苦戰，炮，日俄的情勢，興安屯墾區的歷史尤其是談話的中心。他更高興談說教育，而十分疑惑與憤憤地訴說人才的關係，道德與知識的奇怪問題。他是軍人，他也是專門家，——當他說起他學習炮術的經過與日本中國在軍事中之炮的比較，我真不能贊一詞，只好靜靜地領會。這完全是「耳食」的識見，然而他不但不是舊軍人的空虛與浮躁，他對於普通的事都有他的頗高明的見解。也因為經驗的關係。對於地理，開礦，內蒙古的種種民情，習慣，他的確知道的很多。我在這邊第一次見這樣的新軍人，他的知識與經歷，以及公正的議論，誠懇的態度，很有吸收一個人的視聽的力量。每當我們談話時，照例他養的一隻義大利種的小毛狗臥在圈籐椅子的旁邊打著鼾睡，他時時立起來在磚地上踱著，那一隻拿著香菸的右手常常在空中畫出半圓的圈，彷彿表示他的興奮。

一個性格較堅定的人，無論如何不容易使他失望。我這位老友雖然僻陋孤寂地在這片冰雪荒原中籌劃著一切，他不缺乏的是未來的希望。他以為由洮安起向裡面去連接著黑龍江省的大部邊境，這些曾經蒙古健兒在昔年馳騁過的土地，有多少的寶藏，大的樹林，已經查勘出的煤礦苗，將來可變為肥沃的荒地，現在在他手下監督著修的洮索路已經有大半段通車，再幾個月或者可以修成，有了交通的工具，自然一切事業便容易著手。他們想著當鐵路到達索倫之後，如有可能，便從事從索倫延長直通滿洲裡。以後無論是平時的商務，戰時的軍事，運輸，都可避開南滿、中東兩道直達臚濱。如此，從北平起可以不乘日俄的火車能到極東北的邊地。而且興安區中愈往上去，氣候雖較冷而頗有調劑，植物繁生。呼倫貝爾多的是魚鹽之利，索倫山周圍一千餘裡之內荒地，開墾過的怕連百分之幾還不到。關內人多地少，連年戰爭，村落破壞，許多農民爭著跑到東北去，而這一帶地方因從前少人經營，移來的墾民並沒有多少。總之，在政治上，經濟上，軍事上，實業的計劃上，這位軍人都熱誠地跟我談過。我覺得他在這地方兩年以來的經營頗可讚美，像我們什麼事不能幹，藉了口與筆在社會中虛浮的度日，終日裡嚷著，想著些微細的事物，瑣碎的構圖，或者披覽，整理，複述些新舊書籍，這些乏味的動作，究竟於人的本分上能盡許多？能否補益，有助於我們的兄弟？我們誠實的回想，至少我自己真覺得黯然！我沒想到在這片窮荒中，親眼看到老朋友領導著一些人胼手胝足地作這樣新生活的開創，同時感到所謂文人的空虛可愧！相形之下，我們何嘗及得上一個築路的工人，與收穫的農夫。

K君尤其關切的是日本人在東北的威脅，他曾告訴我在東京砲兵專科學校中的經驗。

「本來我是以營副的資格去的，這不比士官學校，凡是持著一個師長的派遣公函，無論資格如何便能入校。即在日本這專門的陸軍學校也是為中下級的軍官預備的。那時中國學生在這校內的只有三五個人，有幾個現在已是南方的軍部的重要人物了。現代的軍事教育，高深點的都是專門的科學的訓練，尤其是炮科。這並不是體力的比試，在近代戰爭中還是居第一位的利器，說來實在複雜。三年的時間，使我明了一切需要科學的重要。你不要以為軍人，軍人一提到你們的筆下，——尤其是聯想到二十年來國內軍人的混戰，便無好感。即偶爾說幾句公道話，也無非從溫情的人道上稱許我們這些玩弄槍彈的人的反省，——本來這沒有什麼可詫異，你們的經歷與想像也只能這樣訴說你們的情感。——你注意，我是說你們的呀！哈哈！……戰爭是人類的罪惡，不錯，可是這一個大錯不能加在現代的軍人身上！還得找哲學家，人類學家追究追究人類的本性的問題。是一種事業，就應分有人來幹。你想我們這一行，不能算職業吧？可也難說。……仍然還在戴上面具要互相吞食殘殺的世界中，我們不敢自稱是征服反對正義的武士，——其實又有多少人敢自己這樣說。——然而在我卻以為要放下屠刀，便可使世界斷殺，那是卑弱的自欺的話。等到人家用手打在你的右頰上時，難道便從容地將左頰獻給他麼！這些話不必提，無論如何，現在立國不能丟開軍事。我們這衰老的國家，既然要列於近代的國家之中，不論其他的一切是否科學化，就軍隊的組織與軍器的設備與應用，……我們的軍隊真的還沒有脫離開十八世紀的範圍。有的是人，吃苦，跑路，受凍，只這樣成麼？人家首先要同你作科學的比試，一個砲彈的製造，裝置，搬運，預備射放的程式，射放的方法，——測量力量等等，這不用說，找一位非洲的人或鄉下佬來要白看，即是受過軍事教育的普通兵，他也無可奈何這科學方法的機巧。……」

「日本人預備戰爭久了，自從日俄在我們這一帶拚過生死之後，他們一步都不肯放鬆。歐戰期間尤其是他們發展一切的機會。……滿洲問題是他們的中心對象，這裡說不到什麼公理，正義，世界上原是由人的解釋不同而生出的差別，到現在還不是只有利害而無確定的是非麼！人家實地的爭利害，我們那些紙片上的公理哪能弄來嚇鬼！……話說回來，講軍事的科學化，朋友，且不必拿日本有四十二生的大砲與中國比，——從實說，中國最好的炮隊人才，戰器，還是東北多些，——就說這一尊大砲照例的要將近一連的砲兵侍奉它，到了危急的時候它方能施展施展它的力量。要攜帶隨時安置的小鐵道，運送砲彈要用電力，將大的砲彈裝入鋼管。……那些手續說來，誠屬麻煩，的確放射起來沒有小炮的省事，然而你明白，這一彈的力量要毀滅多少的建築與人的生命！至於飛機戰，壕溝戰，……哪一時在戰場能離開科學。我不是說發明摧毀一切的科學器具便算是人類的功績，但相比之下，像我們只能肉搏，只能靠熱血去爭公理的，究竟哪一分更可恃？……」

他隨手從小書架上將種種在日本所得的軍事練習的照片取下來指給我看，騎馬的姿式，操演的行列，這都不奇，唯有日本最重的炮位使人看了覺得悚然。他又說：

「你不是說在南滿路左近所見的種種情形可以付之一嘆麼！啊！老是一嘆不好幹什麼用的，我們幹這一行的也常常計劃，——因為中國只是空喊著收回旅大，收回旅大，到底只是吶喊而已。其實喊的人力氣已竭，怕他們早將這片土地給換了顏色。日本人圖謀中國的野心，早晚須有一戰的決定！……」

「果然是需要一戰，依你看應該在哪一年？」我不禁地追問。

「這倒不能確定，日本人自然也不是敢輕言與中國宣戰，不過他們對於滿蒙的企圖一天厲害起一天。時勢的迫促，往往比預定的時間還要快，到了時候也或者能遠過了他們的預定期。中國呢，可以一戰，——你明白這一場可怕的糾紛，不是如此終無了結之期。——這須要中國將海岸線的口岸拋棄，誘敵作陸上戰爭，以中國兵民的力量避免正面的大戰，作襲擊與不定形的爭鬥，確能勝任，可是相當的犧牲自不能免。政府最好往四川移，在中原地方與之相持，若能堅忍到一年半以上，即使沒有別的國家的干涉（其實這是一定有的事），日本也就毫無力氣了。而且他們國內必有革命的爆發。但現在嗎，怕還不容易，這是要全國人一致的團結，雖有苦痛不容返顧的重大犧牲！……前年中東戰事梁旅的抵抗力想來都聽說過了，後方還曾有援兵麼？軍器，軍需的接濟麼？可憐！那些兵就是那樣甘心拚命，在雪地裡埋了屍骨，戰事又哪是兒戲的事？……」

在香菸氣味瀰滿的客廳中，我聽他說了這些所謂「語重心長」的話，頗覺得人類的前途茫茫，而多難的中國究竟要走到什麼地步？像這些問題嚴重地想起來，我真不能說什麼，他也低著頭來回走著似有無窮的感動。一會他止住腳步，又道：

「我當初同了×軍長到這邊來，一切的規畫幾乎全是我主持的。為開發利源，為創造新生活，都是，可是我在關外十幾年親受的帝國主義者的威迫，決心來幹這類一些人不願幹的事，在這片土地上的一切預備，都是從根本上著想。論我的知識與個人的習慣，我還是覺得幹我的砲兵生活痛快得多，然而走不脫，便只好耐心作下去。……」

我們對於這一方面談的話自然還多。他又告訴我開始經營時第一年的軍墾的失敗，原想照永久的屯田方法，而為剿服剽掠的土匪起見，兵士們不能常常用火犁耕地，和土建屋，一年之中倒有半年須預備與那些勇敢的土匪拚命。所以現在只好暫將這一條計畫收起。完全希望關內的移民來此開墾。上年曾有一部分的河南山東的難民來，由大連起，車船的招待，好容易到了，分別的安置下。說氣候的不適還是小節，最重要的卻是他們的老小無生產力者太多，壯年的男女本來可以奮勉的工作，然而那些坐食的老弱卻分了他們的勇力。這是一點經驗，在努力於創始的時期最好是年青人的勇敢與不缺乏的熱力。所以對於以後的移民辦法也有重行改定的必要了。

像東北的邊防，交通事業，出產，行軍的方法，在靜靜的春宵中他說得太多了。我沒有更靈活的筆墨寫得出來。總之，他有多方面的經驗，而腦子中又不是一個欠少較高遠的理想的人。他用鐵一般的意志咬著牙幹下去，領導著多少專門的人才，(他將他的公署的職員表給我看，十分之七都是習農林，測繪，陸軍，工業的人去擔任各部分的工作。)沉默地在這冷僻地方努力，幾年之後我盼望他們有豐富的收穫，其實每件事情的進行之中隨時的困難自然相伴發生，他也曾憤慨地說過多少新青年，——方出學校的專憑意氣的青年的誤事，以及只有知識的教育卻沒有品格的修養的人，很容易腐化，他舉過他們這邊的幾件事，恕我在此不必記下了。

幾年來我沒曾聽過這麼時間久的切實的談話，因為一切都是計劃實行，不是空虛的嗟嘆，不是誇飾，更不是廣博精奧的炫耀。他是那樣的人，——像是努力於力之揮發，與按步實行的人。從談話中我知道他的精神所在了，雖然我不能完全與他的思想相同。在這邊他是忍受著孤寂的，除了他的夫人之外，他家中只有幾個勤務兵與一個副官。因為他頗為嚴厲的關係，我在那裡住了三天，沒見他的一個屬員到他公館裡去，沒有牌聲，沒有酒香，他常吃素食看書。喂了一隻灰鶴，一隻小狗，下班後他的生活就消磨在這些事上，這似乎不是沉溺於現代都會生活中的人所能忍受的。所以這老朋友的會談，使我的精神上快慰不少，而且覺得一個人的生活無論照哪面走，應分是這樣活潑、有力，才不會感到空虛與失望。

這不是專為一個人寫照，我認為在中國的各地方中很需要這樣咬著牙硬幹的人。

牧馬場

相隔不過百多里地，而這城外的風物，——尤其是雨後的郊原令人有新鮮的感覺。那樣清曠與廣遠潤軟的土地，稀疏的樹木與沉靜的天空比著洮南城外的風沙世界太不同了。當我與賈君沿著西門大街出城之後（這邊尚有土城的餘址），向遼遠處望去，覺得十分爽暢。工作的農人們方自田間歸去，因為正當午飯的時候。雖然這邊氣候晚，麥子才在地裡露出寸多高的芽子，然而種菜的人家已在钁土，用肥料，正忙著了。一點風都沒有，我們漫散著向西南方那片約有二里多地的房子走去，除掉一二家住在城外種地的人家的土屋子外，是看不到任何生物的。

昨天以K的介紹遇見過東北陸軍軍牧場的L主任，約定今天去參觀那些雄駿的馬匹。途中我們回彎著走遠了，到了牧場左右已是下午兩點。找一位灰衣兵進去通報之後，不很高的L主任（也是在日本習陸軍的老學生）穿著外氅高筒皮靴出來，在兩扇黑大門外跟我們握手。原來這西面的房子是辦公處，東面的空場與泥牆房子方是養馬的地方。他說可惜來晚了一會，天天放馬的時候已經過了，現在只可到各屋子去看改良的馬種。

牧馬的兵士多數是中國人，有弟兄二位是白俄，自然他們也一律穿灰布制服，吃大饅頭，不過薪水是加倍。這不止是因為他們是外國人，乃由於牧馬的技術的酬報。原來這兩位是在海拉爾私人經營牧場的，他們原來有牡牝馬，——阿爾洛夫純血種的——四十七匹，後來統歸軍牧場中收買過來。所以名叫沃輪鏟夫的兄弟，也隨同來作了雇工。現在這場中的馬匹，——各種的馬與新駒在內，已經有兩千多匹。特別優良的馬與馬駒分養在個別的小屋之內。我們看了有七八間屋子中的馬，多半是生過一年，或幾個月的馬駒，小屋子中的溫度調節得非常適宜。臥的乾草不使霉溼，吃的食料都有份量，每天散放的時候有一定的時間。經L主任的說明，我才知道關於馬的醫療，蹄鐵，衛生，食料，都有深明的講求。我看過幾匹阿爾洛夫純血種的高馬，那個青年的俄國人將轠繩一抖牠便將兩個前蹄向上拳起，人立起來，做成一個美觀而快樂的姿勢。這種馬多是全身純白的良馬，身長有八尺以上，高度自然也可觀了。突出的如鐵卵的眼，厚而不笨的蹴蹄，由脛骨到膝蓋以上的滾元拔起的曲線，自有牠們的周身的美點。既不是骨格的過於棱削，又不是肉的臃腫，圓股，長頸，前胸有的是曲線美，——自然也就是肉體美。令人聯想到自來讚美馬的種種名辭，什麼神駿，驃騎，骨相的雄偉，與姿態的高亢了。那些馬駒們雖小也有其身體的特點，自是不同於終天拖著鐵犁，載著鹽包的農人的乏馬。看牠們傲然自足，或是自然的活潑的神態，似是不知道牠們也有那些困苦憔悴終夫在人家的皮鞭下的同族。

談起馬來，我知道了在這裡一些關於馬的知識。本來蒙古人是所謂游牧的民族，直到現在仍然是大多數過著那樣的生活，靠近這邊，札薩克圖，鎮國公兩旗之內有的是可愛的水草，而烏珠穆沁是蒙古最著名的產馬區。與這兩旗壤地相接，他們的牧畜事業很發達，而所產的良馬也甚為馳名。在從前時，這兩旗的牧畜在哲裡木盟中當推第一。經過民國初年的烏泰變亂後，那些沒有抵抗的內蒙古人，或更遠地搬到外蒙去，有的被擄去做了奴僕、因此他們的牧畜事業也大受損失。不過現在總合起這兩旗來，羊在十五萬隻以上，牛二萬餘頭，馬萬餘匹，按照人口分配比例看，真還不在少數。可見地理的關係與人民的習慣都適於經營這樣的事業。

我們每讀有關蒙古人的歷史，自然會想到蒙古健兒鐵蹄下的力量。直到現在，歐洲人對十三世紀侵入歐洲的蒙古人呼之為 Tartar 的著書立說，便感到異常之恐怖。使人聯想到那些紅黃衣服的斜視的青年，執著晶亮的利器，騎在他們的善走的駿馬上，橫行於歐洲北部的厲害。因為蒙古人既沒有安土重遷的意識，又是性格非常強悍勇敢的民族，自幼小時候便習會了騎馬，射箭，青年時代以上陣衝鋒為他們的榮耀事業，所以牧畜固盛，而牧馬尤見重要。他們又是逐水草而居，沙漠的地帶親戚文件的往返除了馬外沒有其他的交通工具。故馬的用途最廣。聽說他們牧馬的人往往驅著幾百匹的馬群，到幾百里以外去，幾個月不回來，除卻找多水多草的地帶以外，還要向鹽池、城地移動。因為馬吃過鹹的東西之後可免瘟疫。這真是一種海闊天空的生活了。牧馬的人在沙漠中露宿，吃著炒米，乾肉，看著太陽，星光，作行路的指導。每天在樹木上摺枝以表其所往的方向。但這是指牧馬者而說，至於牛羊便不能遠離開牠們的主人的地帶了。

東北軍牧場一方為軍隊用馬改良佳種，一方卻負有利用科學方法改良牧畜的責任。另在屯墾署的農政處設了一科，專司牧畜的調查及改良各事。凡民家畜有牝馬的都可以與軍牧場的佳種馬交配，不取分文。每年創辦賽馬會，不賣馬劵，藉資比較，捷足善走的還得獎勵。現在的洮安以及鎮東突泉三縣均已劃定為興安馬政區域。

在場中看見過一匹英國良種馬，據說是花用近一萬元，費了許多事買來的。每天可以走六百多里地，身長與高度並不及俄國馬。L主任說這邊因為款項的關係還不能多買優良的馬種，但就現有的說，在國內已經是第一個軍牧場了。

回路上與賈君談著，我們新見識的種種的「馬話」，來回十幾里路並不感疲勞。

神祕的葛根廟

由白城子到葛根廟系五四公里，二〇〇公尺。到土木局子共二〇〇公里，〇〇〇公尺。洮索路的葛根廟從起點計僅有全路三分之一長，現在通車可以到鎮國公府，而鐵軌的鋪設已有全路三分之二。我本想到預計此路的終點——土木局子看一看那邊的森林區與索倫山中的情形，因為火車達不到，只有穿行沙漠，山嶺的軍用汽車，又是不定期開行，專為運輸用品，與載在余公府的屯墾軍第三團的人員，來往殊費時間。而我的預定遊覽期中又沒有更多的余時，所以只能借了簡陋的試行火車往葛根廟去一次。

葛根廟究竟不知建於什麼時候？以常理言，大約在清初，然我在那邊沒曾找到一點點漢文的證據，就連蒙文的碑碣也沒有。據說這廟是有久遠的歷史的。本來佛教的喇嘛教，原是含有朦朧的神祕性。他們說除了西藏的達賴班禪是喇嘛的第一等階級的祖師之外，次一階級便是葛根，這二字系譯音，也是活佛的意思。而在洮索路旁的葛根廟卻是札鎮兩旗宗教的中心，最偉大的古寺院。就連札薩克圖王巴雅斯固朗與蘇鄂公府的公爺巴彥那木爾，見了這寺院的葛根活佛都須恭敬下跪。至於那些印軍，章京，他們的兵民，更須望塵拜倒。本來他們以活佛為神的代表，人，一切幸福與禍患的主持者，所以蒙古人最嚴重的階級意識是宗教的而非政治的。然而這荒沙中的怪廟也有華名，叫做梵通寺。這不用說是清初皇帝的懷柔政策之一了。現在在任的葛根活佛名叫諾彥呼圖克圖，是一位祥善平和的老喇嘛。聽說他為他們的宗教的禮法束縛得一切不能自由，雖然居尊處優，可以任意指揮這兩旗的人民，但是一出門便有多少人跪在道旁求福，行禮，這的確也是令人煩厭的事，所以他往往一個人從後門跑出去游散。

頭一天去晚了二分鐘，其結果我同賈君在馬車的顛簸中，相隔不過幾丈遠，眼看著兩節車身被一個小機車帶走了。這裡還沒有車站，只是在鍬起的土堆前面用石塊鋪了一段站臺，於是我們嘆息著回來。因為七點車開，而由城中到這西門外的站臺足有六里多地，沿道全是被鄉間大車輪子軋深了的轍跡，馬車在其中撞走，特別費力。第二天我們特別地早起，四點我便在K的家中洗過臉吃點東西，果然，到六點半，我們也裝在那小小的車身之內了。

那只是普通的三等車，車掌，查票員，還有六七個帶槍的警察都在上面。自然乘客除掉軍官與兵士便是那一路上的商民與蒙古人。這景象很有趣，人們坐慣了可以吃大餐，或有舒適的臥鋪的火車，在上面遇見的西服整齊的紳士，畫眉毛，披華麗斗篷的婦女，與學生，小官吏，但見的太多了，這些些瞥影一閃即過，不容易使你記憶起來。但我這一次坐這「鄉間的火車」，那些慣歷風霜的軍人的面貌，那些肥衣帶了長煙管的鄉民，那些永遠是躄蹩著走道而身上油漬發光的老蒙古人，都能很清切地留下一個潔明的圖畫在記憶中。我坐在上面，與賈君說我們這像是坐了牛車下鄉旅行。因為新路，車不能走得太快，兩個小時到了葛根廟。我問明了車由王爺府回來的時間，便在溫暖的陽光中跳在剛在萌芽的青草地上。

我要怎樣來形容這一帶的趣味？是清曠呢，還是荒渺？除卻這一所紅白相間的大建築的後面，有一帶不高的山嶺之外，任何方向可以不阻礙你的視線。火車道外全是未經開墾的生地，表皮的土殼雖在這邊的初春還很堅硬，間有白色的鹼質，然並不多。半寸許的青草嫩芽已經茂盛地向上爭發。這是一個大平原的低窪地帶，我們著足其上頗覺柔軟。微溫的西南風拂在臉上，有種清芬的氣味。走過一段沙嶺，便看見葛根廟前的兩根紅旗杆。而門口站崗的兵士的面貌也彷彿看的清楚。除卻這奇異的廟與圍廟居住的喇嘛的小房子外，只有兩三列野店房。由洮安來的汽車即在那野店房前休息。我正在前後眺望著這令人想像到一種特別境界的風景，從身後卻追上一位留了短鬚的喇嘛。黃的近乎灰白色的棉花袍，紫坎肩，背了一個包裹，追上我們來。賈君放慢了腳步同他談話，漢話他知道的不少。他說他昨晚上方從洮南來，去看家方回。他在這廟裡作喇嘛幾十年了，他還指點著說民國五年吳大帥與蒙古人開仗的地帶。賈君問他：在廟裡的生活，他遲緩地搖頭道：

「當大喇嘛的自己有錢，有牛羊，比起我們來，有出息得多。——現在這裡還有六百多人吧，比起以前來自然是少了。……」

「你們一天除了唸經之外幹什麼？」

「不忙，不忙，唸經之外各人在自己的屋子裡。——你知道為求福，不是有許多家裡供給著錢來當喇嘛的。」

這話使我有點茫然了，我問賈君，賈君笑道：

「這是常事。老蒙古不管哪一個都認為當了喇嘛他全家死後都可上升天堂。因此他們情願有孩子到廟裡來過那種枯燥的生活。喇嘛在廟裡住久了，也不願回家去。還有年紀大一點的有點蓄積。——人是誰都有私心的——便在廟裡保存他的私有財產。……」

「這也難得，難得他們從小時候起能受得住這麼嚴的戒律。」

那老喇嘛十分誠篤，跟我們說了有十分鐘的話，他先走了。我由賈君的引導一同到了廟前的一個人家裡。

原是築成的矮矮的土垣牆已倒塌了一大片，沒有大門進去，只有向南的一行屋子。一個糞圈，有幾頭小豬，搧動大耳朵在院子中間逛。馬糞與人糞堆了兩堆，然而這究竟是在曠野之中並沒有什麼臭味。走進屋子去，一位梳了頭下頭穿著破袖的棉衣的老太太，一個中年的媳婦，兩個孩子，都在極長的土炕上。這屋子的兩面除在中間留著頗寬的通道外，都是炕。吃飯，睡覺，起坐，全在上面。許是為防劇烈的北風起見，只有南窗。——說是窗，其實南牆的上半段皆是窗子，這樣陽光便很充足。屋子中的紡車，黑碗，大簍，隨處亂放。孩子們穿了不合體的粗布衣服，在破席上跳舞。中年的媳婦卻也不怕羞，不迴避生客。賈君叫老太太「姨」，於是我明白這就是他的親戚家了。老太太下來張羅著我們坐，一面卻說：

「你來的正巧，你二哥昨兒才進城去，說是往洮安給你送錢去。日子好久了，應該早還，卻偏偏叫你來跑一趟。……」

賈君略略躊躇的答道，「我因為同王先生來，順便想取了去，既然他去了，回頭我們到白城子可以見面。……」

「不，他說是今晚上，再遲也不過明天可以回來的。」

她用積滿灰土的破絮袖子擦擦紅的眼睛，吩咐兒媳煮水。一會從外面進來了一個年輕的農人與賈君打招呼，——他像是這老太太的小兒子。

我看看錶已經快近十一點了，如能先到廟裡去或者還可趕。得上下午由王爺府回來的火車。我們本想在這裡借住一夜，但我只帶了一床毛毯，賈君什麼也沒有，吃飯即不生問題，這一層卻不能不令人躊躇。我同賈君商量了一會，便決定先到廟裡。老太太雖然說吃了飯再去，我們卻一邊答應著一邊向外走去。

在廟門口我細看這一所建築物的色彩，原來那些刷上的紅色剝落得很多，房子陳舊，像是久已沒有重新了。四方式的近似雕樓的閣子，方形的小窗，這是由西藏傳來的建築式樣。正門口掛著屯墾軍第幾團駐所的牌子。周圍有不少的小街道，都是門窗向南開的北房，都是喇嘛的居室。賈君在這邊很熟，轉了幾個幾條橫街，他領我走到一所小房，從單扇的木門進去，去會見他的學生的父親王君。可惜我已經忘記了他的名號。他是在這廟上做小生意二十多年了，家在洮南，已經有幾十畝田地，全是他一個人在這邊掙得來的。他利用他的純熟的蒙古話與喇嘛及蒙古人做以物易物的交易，一張新剝的狼皮來換一瓶酒，一捆木柴換幾盒紙煙，有時也用現錢，但少得很。他在這樣的地方中便有他的生活了。他的確是一個精明能幹的人，他認得不少的字，會算帳，會說話。屋子一共兩間，當我們進去時他正躺在那三面的大火炕的羊毛毯上，一見賈老師來了，迅疾地起身招呼。菸、茶，問這個，那個，很像個大都會的小老闆。他有高高的顴骨，濃密而向上揚起的眉毛，紫黑的面皮，眼睛有特別的光亮。他穿得也很整齊，紫色綢類的套褲，青羽綢小襖，正與他的態度相稱。

如沒有到過蒙古人或喇嘛住的屋子的向他解釋這種屋子的情形頗不易明了，總之只有門沒有窗子的小屋，又是屋子中的面積有十分之八全被連接成凹字形的火炕所占據。前面的閒地，上有一大盆的木炭，一把銅壺，終日裡發出微響，炕上小木桌是必需的器具，其餘便是小木架，衣服，被褥，用具，全堆在炕上。自然大喇嘛的居室寬得多，然一般的住室卻多是這樣的構圖。

在他這間小四方形屋子的旁邊，有一個更小的儲藏室，是由這一間的火炕上走過去的。那裡邊滿是種種的新鮮東西，一迭迭的生皮片，一堆堆的酒瓶，還有一些別緻的用具，都是我們的臨時主人的交易品。王先生一見我們到了，竭力招待，不久他又請了一位鄰人來煮米洗菜，非留下我們吃午餐不可。陌生的人得有這樣的待遇，雖有賈君的關係，然而他的誠篤懇摯的態度卻教人不好推辭。

同賈君在此時便出來巡視一切，到廟裡大殿上及小巷中閒逛。因為他們天天照例的唪經，是在下午，時間不到，大殿門亦沒開，然而那些獰怪的神像從窗中卻也隱約可見。落色的紅柱，剝脫了粉堊的牆壁，生鏽的鐵鎖，與那些披著紅紫披巾的喇嘛們遲緩無力地走動。這不是一幅殘餘的歷史的壁畫！在廟門口遠望那青草芊芊的平原中，僅有鐵軌的雙線，除此外一棵樹木也找不到。幾個十數歲的小喇嘛，穿著笨重的長衣，擔著水桶向廟裡去。原來他們都是吃洮河支流的水，而要在當地掘井恐怕費力不少。我們走入一所中等喇嘛的住室中，正有一位在外間的炕桌的一邊蓋著毛毯午睡。還有一位二十多歲的，和我們言語不通無法可談。這些屋子只有向南開的門又掛著極厚的棉簾，他們終天終夜呼出的炭氣加上銅火盆內所燃的炭火熏騰的暖力，合在一起，不習慣的走進去，實在容留不下。他們卻毫不覺得。這住房在他們的同夥中算是講究的了，織粗花的羊毛氈，白色的細絨褥，如黑洞的內室中供著樣子不同的小銅佛，不過我們初從外面的陽光中走進去，非細心諦視那些小的東西還不易分辨。

我同賈君到過這樣的喇嘛屋子兩三處，看他們半似住家半似寺院的生活，遇見幾位鬢髮蒼白的老的修行者，一迭迭的縐紋埋沒了他的智慧，憔悴的面容上消失了他的強健的青春，慢慢地踱著，他是否想的只是超凡入聖的企圖？或者只有單純的回憶？誰知道呢？然而這荒原古廟中有這麼幾個紫衣的老人，我望望他們卻使我想出許多幻影來。

在這末一切簡陋的地方，我們居然吃了四五樣菜的飽餐，且有精好的米飯，感謝這位王老闆的厚誼！他又約定我們留此一宿細看喇嘛終日生活，我想有這個地方睡覺自然不成問題，在荒原中過一夜也有趣味。但是再多耽誤上一天，與我預定到別的地方去的計畫有礙。所以同賈君說明之後，又到廟中逛了一週，辭了王老闆便沿著青草坡向來路中去。

這廟裡的喇嘛在全盛時期據說有一千多人，如今少了，還有六百多個。其中有十分之八是自備了盤費住廟的，白髮的老人，天真的稚子都有，最多的是二十到三十歲左右的青年。他們中間顯有階級的區別，窮的，富的，有勢力的，受驅使的。每天一遍的上殿誦經，——其實是咒語，每年幾次的跳鬼大會，除此之外，睡覺，走步是他們的生活。他們都不大好說話，天然的沉默。夏天的樹下唸經，冬日的上炕取暖，這在我們看是奇異的行徑。而多數的人卻羨慕為天堂般的生活。有時吹動種種的長喇叭，打著原始民族的鼓樂，如小孩子般的舞動他們的肢體，這其中便是他們的愉快的享樂。宗教在民族中原有享樂的成分，他們自然不是例外。

據說他們現在對於有武器的軍人也恐懼了，這近代的物質化的變動已經使他們感到威嚇。誰知道他們的這樣生活能繼續多久？屯墾軍取了懷柔的態度，同他們相處得還好，大喇嘛到白城子去都是當地的首領自己招待，以禮物互相饋贈。

車站距離廟門口的路程要走二十分鐘，我們看時間不早，匆匆地走去。幸而火車剛到，我站在踏板上次望那些平樓藍影的房子，覺得我的腳又踏在近代生活的途上了。

松花江上

兩條名字異常美麗，且富有詩意的江水，偏在東北。我們想起鴨綠就會聯想到日人的耀武，想起松花就有俄人的暗影。風景的幽清，自來是戰血洗滌成的，人類原不容易有真正的愛美的思想，那只是超乎是非利害無關心的一時的興趣的沖發，及至將他們的獸性盡情發散的時候，哪裡還管什麼風景，文化。左手執經，右手執劍的辦法，這還是古代人的憧憬生活，現代呢，一方將理想、美化、人道等一大串的好名詞矇蔽了世人的耳目，搖動了一般傻哥的痴心，實在呢，野心家們卻只知飛機、戰炮、毒氣去毀滅一切，摧殘一切，為他們的人民，為自身的功勛，都似言之成理。然而是人類的兇殘欲的露骨的揮發，揭開偽善的假面具，我們將看見這些東西的牙齒銳利與形象的猙獰。從前人說一部《念四史》完全是一部相斫書，人類的全歷史呢，物與物相競，說是利用弱肉強食的公例，人並不能比物類超出多少，人們在不自知中用此公例彼此相斫，所以到處是血洗的山河！

偶然來到這北方之上海東方之莫斯科的濱江；偶然在這四月中的晴和天氣在松花江畔流連，看著那一江粼粼的春水與橫亙江面的三千二百尺的鐵橋，水上拍浮著的小木筏子，以及江岸上的煙突人語。我同王張兩君立在幾個洗衣婦女的旁邊，岸上的短衣沾土的中國苦力，破襤，無聊，彷彿到處尋覓什麼似的白俄，與偶而經過的日本人，攙雜的言語與奇異的行動，點綴著這江面的繁華。我們幾次想趁小火輪到江對面的太陽島去看看那邊的海水浴場，與俄人的生活，江流迅急，當中有一段漩流，雖然坐了小木筏也一樣過得去。大家卻都不肯冒險。問了幾次小火輪又沒有過江去的。末後我們只好雇了一隻木筏放乎中流。究竟沒有渡過江去。在江邊停著許多中國的小輪都是往松江下游各縣去的，正如長江邊的揚州班蕪湖班一樣。其實松花江的水比著名的揚子清麗得多，或者兩岸小沙土的緣故，也許是船行較少不挾著很多的泥沙。當此初春，四望微見嫩黃的柳枝與淡碧的小草，在這「北國」中點綴出不少的生趣。

這條鐵橋雖沒有黃河鐵橋長，然而背景太好，不是茫茫的土岸，童山，這裡是繁盛街市之一角的突影。由許多雄偉建築物迤邐著下攏來的清江，像一段碧玉橫臥在深灰淡紅色的舊時的綺羅層中，古雅中不失其鮮豔。而且因為地帶上富有國際趣味的關係，容易使人聯想到舊的殘滅與新的發展。從這邊溯上或沿流而下可以瀏覽這「北國」最美麗的沿岸的風物。

以這裡特有的氣候與特有的自然風物，以及近代的都市文化之發展，與俄羅斯的氣氛之濃重，形成一種異常的氛圍。我在江中的筏子上感到輕盈也感到雄壯，比起在柔麗的西子湖邊盪舟的心情來迥然不同。人所可貴的是聯想，而聯想乃由環境的不同刺激而成，為各別的異樣。是在，「北國」的松花江上，這裡沒有黃河兩岸的風沙，童山，土室，也不像揚子江兩岸的碧草雜樹，與菜圃，農家。然而近代生活的顯映在岸上的建築物與人民的服裝中可以看得出。再往遠處去，塞外的居民，雄奇的山嶺，浩蕩與奇突雄壯的景象，是有它自己的面目的。

初暖的春陽，微吻著北國的晴波，
黧面筏手高唱著北滿的歌相和。
遠來，遠來，浮動著現代都市的嘈音，
飄過，在活舞著雙臂的勞人心中起落。

包頭跣足行著過去異國的流亡者，
他是憤怒，慚悔，希冀對望著舊的山河！
詩的趣味，畫的搜求，在這裡一切付於寥闊，
沉著——烘露出，吟嘯出這鐵的力童的連索。

墳園中的殘照

極樂寺的硬造生拼成的東方趣味，遠不及那並不是遊覽勝蹟的兩處外國人的墳園使人感動。據極樂寺的碑文上說，是十六年（當然是民國紀元）什麼長官軍官之類的大人們醵資建築，此處破天荒的叢林。大書深刻地高大的新碑，在方磚的中間矗立著紅漆金邊的佛門，南北對立的鐘鼓樓，看去像是用木架搭成的。向東的大殿中自然也有三尊大佛，兩旁十幾個羅漢努目揚眉，或是低眉合目。還有由西湖某寺拓來的百八羅漢的石刻像片在閒屋子中懸掛著。除此外有在寺門口值崗的警士，深色衣服的幾個僧人。好在太新了，全院子中沒有一片苔蘚，沒有一塊破碎的磚石，粗雕的石獅，耀黃的大香爐，我們在裡面瞻禮一過，我總替這殿中的兒位尊佛們感到寂寞。佛家會嫌寂寞麼？空山古寺，懸崖唄聲，這不都是出家人幹的生活？極樂寺隔著繁華的市內有十餘里，在這片平原之上，撲面的朔風中有此水門汀玻璃窗子的寺院，難道不是清修之所？這不也一樣的寂寞麼？但我的心理上卻總感到這個建築物嵌在一處極不合適的空間，又加上嶄新的廟貌，逛來逛去找不出什麼意味來。

出門去，與開車的破衣服老俄人說了一句，便風馳著往俄羅斯人的公墓去。

記得友人落華生曾說過一句：「中國人是有上墳癮的」。不錯，我也是有這麼樣的東方趣味的癮的。小的時候讀《聊齋》每每愛看文士野居，與墳為鄰的故事，又記得讀《古詩十九首》到「松柏夾廣路，下有陳死人」等等的句子，每每使我的童心中生出許多幽渺的遐想。這或者是個人的趣味，與幼時的讀物的影響，總覺得一個生力活潑的人踏足到叢葬了過去人的地方中間，即使沒有「幽室一閉，千年不復」的悲哀，然而踏著青草的墓地，聽著蕭蕭的樹聲，再加上四圍變化的景色，那荒殘的碑碣，冷硬的土塊，「萬歲更相送」，「年命如朝露」的不能自已之感，它會自然迸入你的心頭。本來生命原是一個奄忽不易捉摸的謎影，它使你不易了解，更使你無法隨手可以捕捉得到。世間有幾個聖哲能以從萬物並作之中以觀其「復」，又無術可以延年不死，壽何所止，這生與死之間確是人間的一層打不開的魔障。生之國內誠然是辛勞，苦難，從初有人類直到現在的物質文明的發達，人人都是掙扎於生之流中，以自勞其生。雖然這樣，人誰願拋卻了這複雜的人間呢？因為不願，不肯，不甘心棄卻人間，所以對於永久安息的死的關懷，便成了多少詩人哲士的吟詠討論的問題了。

正當大門後面，一座白石的大十字，還有輝煌的金字刻在上面。幾株刺槐在寂靜中搖動他們的新葉，其後便是數不清的墳碑。自然在此中也有階級的分別，豎立的十字架，雲母石的，精鐵的，粗石的，木製的，大小不同。而墳臺上有的披拂著小花草，有的有鮮花圈，有的便只是一個冷清清的石面。每一個墳墓上都刻著死者的名字，間有較多的字，大約是略史了。可惜我們不通俄文，不知在這些符號之中告訴人間的是些什麼事。墳園中收拾的頗為修潔，幾條土平的甬道，與小塊草地，雜植不少的不甚值錢的花木。這比起中國的白楊荒墳的景象來好得多，然而比起西湖的山中的墓田的天然勝景，覺得這樣羅列的「土饅頭」，也未免太平板了。講絕對省事的話，還是火葬來得乾淨。日本人雖是一切的政化力追歐西，而獨要保存這樣「蠻跡的遺風」，卻不為無見。中國人以一家為單位，向來是講究「堪輿學」的去選找佳城，即是曠達點的文人還想「埋骨於青山佳處」。而西洋人也還是葬於公地，立石為紀，「死生亦大矣」的思想，西洋人也不比這講究送死的中國人高明得多少。其實一陣烈焰之後揚骨成灰，早早將過去的人身的物質與它們原來的化合，多省事。實行「死欲速朽」的辦法，日本人是比較徹底的了。

我在這些亂墳中間這邊那邊的低頭行去，有明麗的殘碑，有生意蓬勃的草木，有三五個歸巢的烏鴉。並不寂寞，也感不到幽森。只是對著這些陳死人的宿處，想到人生的嚴肅，真的，在這樣的環境中是不會有深沉的感傷的。陶淵明不是說過麼，「衰榮無定在，彼此更共之」，生與死誠屬人生的大事，然而這點界限是我們更共的事，英詩人葛雷的話說的更乾脆：

The boast of heraldry, the pomp of power,
And all that beauty, all that wealthe're gave,
Await alike the inevitable hour:
The paths of glory lead but to grave.

這同歸於盡的感懷，凡是詩人到這種地方是誰也不能免。不過我們因此卻更應該珍視生，與對於生更應持一種嚴肅的觀念。不可因為有終歸一個土饅頭的念頭，便將「生」來毀滅，拋卻，與玩視了。

本來對一切事見智見仁各有各的心思，不能從同，也不必強同。比如那看守墳園的人，他終天對著這些死的紀念物能有什麼想頭？一年中不知道眼看著多少棺材送到這片土下埋葬，多少男女到這裡來獻花憑弔，甚至哭泣，憂思。平常得很！想來他看得頗淡然了。有色的眼鏡遮蔽了人生的真相，（其實根本上沒有真相，可以借用一個名辭，一切都是「假象」。）於是利害，是非，與笑，咷，喜，哀，糾纏不清，也因有此世界上才有不一律的花樣，供人把玩，費人索解。

我正在草地上幻想著無窮的無窮的這些事，張君在前面招呼我道：「快點，出了後門，還得去看猶太人的墳。時候不早了。——」

中央大街之夜

在這東方莫斯科的俄國化的大街上，夜的生活比白晝有趣得多。我真驚異這些閒人們的逛街的心理。從黃昏起直至十一點，每晚上你投入這條明麗繁華的街流之中，你便被那些具有特別臭味的俄國人擁擠得隨著他們東衝西撞。本來在這條街的行人道上，差不多每個大商店前面設著鐵製或木製的長椅，即在白天也往往坐滿了行路的人。不過在電燈明後極不容易找到一個空座，彷彿戲園中預先包廂一樣。那些綢帕布頭的老太婆，花白長鬍的老人，絲襪，畫眉，高跟鞋的年輕女子，提了種種的手提包，挾著手杖，這邊一列，那邊又一列的走著坐著。卻又都不能沉默，盡著談。他們大約是每晚上除了逛這條大街之外，沒有別的目的。兩旁的行人道雖然不窄，還是得擁塞著走。許多人都是從街的東端走到西端，又返身過來再走，他們的走，不是徘徊也不是縱眺。這樣來往的奔，有什麼趣味？我是不能了解的。本來在哈爾濱的大街上，晚間絕不似上海南京路中各商店的交易熱鬧，許多現代式的奢侈品的鋪子，晚八點差不多都關了門。只可從玻璃窗子外看看那些精美的器物的照影。又沒有多少大遊戲場可以吞吐著出進的人群，除了蕩在浮空中的近代電火的慘白輝光之外，便是許多全休息於夜幕下的建築物。然而那些鵝卵石鋪的街道卻被那些複雜的俄國男女在夜中踏遍。俄人真也可以說是複雜的了，除卻新興與陳舊的赤白的政治思想的分類之外，還有小俄羅斯人，高加索人，近東的俄人，統言之，自可說是俄僑，詳細分析他們的族屬卻也複雜。然而這許多在夜道上有散步嗜好的俄人，卻都是白俄中的資產階級與小資產階級。至於如在青島所見的手提籃子背負毛毯作小負販以求餬口的，與在上海閘北每天需求工作掙得幾隻小角子以充一飽的俄人，在哈爾濱自然不少，然而他們卻絕不會披了殘破的外衣，穿頭的皮鞋，黃昏後到這條大街上作從容的散步。目的是為娛樂，無奈那些窮俄僑沒有生活的餘裕，所以也沒有這麼悠閒的心情了。

也因為在歐戰前這裡便是俄人的居留地，多少商人資本家都隨了飛鷹旗徽的勢力到北滿來想發財，俄國的革命期間又從他們國內跑出了不少的不行時的白俄。所以雖然他們的國內是一個樣，然而僑寓在這裡或已入華籍的白俄的小資產家仍然能以安舒地享受他們的快樂生活。凡在這裡細細留心過的，卻能明了白俄的勢力還是不弱。雖然在大街與僻巷中常常有赤白黨人放手槍拚命的事，然而在商業上白俄的力量仍然雄厚。他們在這片土上將永遠忘卻了他們的故國，因為飲食，居住，社交，遊戲的趣味，還是他們舊有的典型，只是有生活的余資便可得廉價的享受。他們以為屬中國人管轄橫豎比鮑爾塞維克的黨權來差得多，何況他們還享有種種優待之處。

所以他們用皮大衣包裹著軀體，心廣體胖地在大街中晚上消遣他們的良時。雖在逃亡中，這階級的區分與生活上的分享還是一樣。

我同王君每晚上到大道上去觀察這些潮湧般的人流，一個樣，每晚上都不差異。雖然這在我們看來覺得沒有什麼趣味，然而他們生發的興致與矯健的腳步，冒著冷風來回的奔走，比起我們完了一天工作之後到賭場，到宵夜館，到圈兒樓，總還有意味吧。

雖是流亡的白俄，但仍然是強健的斯拉夫族人？

電子書購買

國家圖書館出版品預行編目資料

北國之春：民族危機與底層百姓的不幸，遊歷紀錄下的沉重憂國之心 / 王統照 著 . -- 第一版 . -- 臺北市 : 崧燁文化事業有限公司 , 2023.08

面； 公分

POD 版

ISBN 978-626-357-486-1(平裝)

1.CST: 遊記 2.CST: 中國

690 112010014

北國之春：民族危機與底層百姓的不幸，遊歷紀錄下的沉重憂國之心

臉書

作　　者：王統照

發 行 人：黃振庭

出 版 者：崧燁文化事業有限公司

發 行 者：崧燁文化事業有限公司

E-mail：sonbookservice@gmail.com

粉 絲 頁：https://www.facebook.com/sonbookss/

網　　址：https://sonbook.net/

地　　址：台北市中正區重慶南路一段六十一號八樓 815 室

Rm. 815, 8F., No.61, Sec. 1, Chongqing S. Rd., Zhongzheng Dist., Taipei City 100, Taiwan

電　　話：(02)2370-3310　　傳　　真：(02) 2388-1990

印　　刷：京峯數位服務有限公司

律師顧問：廣華律師事務所 張珮琦律師

定　　價：250 元

發行日期：2023 年 08 月第一版

◎本書以 POD 印製

Design Assets from Freepik.com